以进促稳

推动中国经济行稳致远

中共中央党校（国家行政学院）经济学教研部　编著

曹　立　主编

人民出版社

前　言

中国经济的稳健与韧性源自宏观经济治理优势。每年召开的中央经济工作会议系统总结本年度经济发展热点、成果与不足,以党对经济形势的科学研判把握经济发展大势,以正视困难、保持清醒的自觉科学部署下一年度经济工作,尤其是对经济领域新出现的热点、重点进行总结和规划,推动经济持续回升向好,不断提高人民生活水平,保持社会和谐稳定。

2025 年是实现"十四五"规划目标任务的关键一年、收尾之年,也是促进中国经济结构转型升级、推动高质量发展的加力之年。现如今,世界百年变局加速演进,国际形势波谲云诡,国内经济转型处于关键期。2024 年 12 月召开的中央经济工作会议指出,当前外部环境变化带来的不利影响加深,我国经济运行仍面临不少困难和挑战,风险隐患仍然较多。同时必须看到,我国经济基础稳、优势多、韧性强、潜能大,长期向好的支撑条件和基本趋势没有变。支撑高质量发展的要素条件不断集聚增多,这为"进"奠定了坚实的基础。

以进促稳,要坚持把高质量发展作为主攻方向。以审时度势之"进",促高质量发展之"稳";以畅通经济大循环之"进",助力发展大局之"稳"。"稳"不是目的,重点是稳住经济运行,确保增长、就业、

以进促稳：推动中国经济行稳致远

物价不出现大的波动，确保不出现区域性、系统性风险，为"进"创造更好的环境和时机；"进"是方向和动力，重点是调整经济结构和深化改革开放，确保转变经济发展方式和创新驱动发展取得新成效，适时适度"进"才能使中国经济在不断发展中保持新的稳定。中国式现代化是一场前无古人的伟大进军，尤需"进"的精神和力量。越是面对风雨，越要坚定信心、开拓奋进，准确把握"进"的方向，加快培育"进"的动能，推动中国经济在高质量发展之路上行稳致远，在开拓进取中筑牢根基。

2025 年 7 月 15 日

目　录

导　论
不断深化对经济工作规律性认识

　　必须统筹好有效市场和有为政府的关系，形成既"放得活"又"管得住"的经济秩序；必须统筹好总供给和总需求的关系，畅通国民经济循环；必须统筹好培育新动能和更新旧动能的关系，因地制宜发展新质生产力；必须统筹好做优增量和盘活存量的关系，全面提高资源配置效率；必须统筹好提升质量和做大总量的关系，夯实中国式现代化的物质基础。这些规律性认识，丰富和发展了习近平经济思想，体现了我们党对于发展大势的深刻洞察，为做好经济工作提供了根本遵循和科学方法。

2024 年中央经济工作会议，分析当前经济形势，部署 2025 年经济工作。会议指出：当前外部环境变化带来的不利影响加深，我国经济运行仍面临不少困难和挑战，我们要正视困难、坚定信心，努力把各方面积极因素转化为发展实绩。会议精辟概括了新时代做好经济工作的规律性认识，党中央集中统一领导是做好经济工作的根本保证，在关键时刻、重要节点，党中央及时研判形势、作出决策部署，确保我国经济航船乘风破浪、行稳致远。

一、党中央集中统一领导是做好经济工作的根本保证

坚持党对经济工作的集中统一领导，确保我国经济始终沿着正确方向发展。党的十八大以来，以习近平同志为核心的党中央不断深化党对经济工作领导的认识，深刻把握国内外经济形势发展变化规律，准确判断我国发展所处的历史方位，为经济工作把方向、谋全局、提战略、定政策。党中央科学分析我国社会主要矛盾变化带来的新特征新要求，把握发展大势，适时提出科学的发展理念，制定正确的方针和战略，采取适当的举措，从而保证了我国经济沿着正确的方向发展。

在重大历史关头，党中央的判断力、决策力和行动力对经济工作具有决定性作用，是我国抵御重大风险挑战的根本依靠。当前，外部风险挑战增多。地缘政治风险加大，全球经济增长动能不足。国内周期性、结构性矛盾并存。有效需求不足，外需面临走弱，内需有待提振，居民就业增收压力较大，消费能力受到抑制。一些领域风险隐患仍然较多，国内大循环存在堵点。越是形势复杂、任务艰巨，越要坚持加强党中央对经济工作的集中统一领导，要正视困难、坚定信心，

凝聚各方力量、调动各方资源、形成发展合力，把党领导经济工作的制度优势转化为治理效能。

在实践中，我们党逐步形成了一整套领导经济工作的体制机制，为经济平稳健康发展提供了制度保障。从党中央决策层面来看，中央财经委员会每季度分析研究经济形势，每年年底召开中央经济工作会议，对年度经济工作进行总结，并对下一年度经济工作进行安排。中央全面深化改革委员会不定期召开会议，审议通过关于经济体制改革的政策文件。中央政治局会议、中央政治局常委会经常审议关系经济社会发展全局的重大问题，中共中央与民主党派、无党派人士不定期举办座谈会，广泛征求经济工作的政策建议，并组织各级党委学习贯彻落实。从地方工作层面来看，各地区加强党委领导经济工作的体制机制建设，党委集体讨论决定经济社会发展规划、重大政策措施、工作总体部署以及其他重要事项。这些自上而下的制度安排，确保了党对经济工作领导的有序推进。

坚持党中央对经济工作的集中统一领导，要求各地各部门党员干部自觉把思想、意志、行动统一到党中央对经济形势的科学判断和对经济工作的决策部署上来，扎实做好经济工作。既把握大势、坚定信心，又正视困难、保持清醒。坚持干字当头，增强信心、迎难而上、奋发有为，确保党中央各项决策部署落到实处。

二、必须统筹好有效市场和有为政府的关系

处理好政府和市场的关系是市场经济体制改革的核心问题。习近平总书记指出："发展社会主义市场经济，既要发挥市场作用，

也要发挥政府作用，但市场作用和政府作用的职能是不同的。"①"准确定位和把握使市场在资源配置中起决定性作用和更好发挥政府作用，必须正确认识市场作用和政府作用的关系。"②市场在资源配置中起决定性作用，意味着政府发挥作用必须遵从这个"市场经济的一般规律"，政府行为越规范，市场作用就越有效。更好发挥政府作用，要求政府要有所为、有所不为。政府有所为，就是要不断建设法治经济、信用经济，完善市场规则，并且要带头遵守规则，规范竞争秩序，建设全国统一大市场，并且使统一大市场成为各类经营主体公平竞争的大舞台。政府有所不为，就是要防止对市场和微观主体活动的不当干预，不搞地方保护主义，不搞自我小循环。

在新发展阶段，要统筹好有效市场和有为政府的关系，使有效市场和有为政府更好结合，必须继续以深化经济体制改革为重点进一步全面深化改革，着力构建高水平社会主义市场经济体制。衡量市场经济体制是不是"高水平"，关键看这种体制是不是具有强大生机和活力，能否创造更加公平、更有活力的市场环境，实现资源配置效率最优化和效益最大化，激发全社会内生动力和创新活力，既"放得活"又"管得住"，更好维护市场秩序、弥补市场失灵，畅通国民经济循环，激发全社会内生动力和创新活力。一方面，要更好发挥市场机制作用，创造更加公平、更有活力的市场环境。"放得活"，意味着市场活力将得到更充分释放，实现资源配置效率最优化和效益最大化；另一方面，要完善宏观调控制度体系。政府是宏观经济治理的主体，

---

① 中共中央文献研究室编：《习近平关于社会主义经济建设论述摘编》，中央文献出版社 2017 年版，第 53 页。

② 中共中央文献研究室编：《习近平关于社会主义经济建设论述摘编》，中央文献出版社 2017 年版，第 59 页。

"管得住"，意味着政府行为更加规范。要健全宏观经济治理体系、更好发挥政府作用，完善国家战略规划和政策协调机制，围绕实施国家发展规划、重大战略，促进财政、货币、产业、价格、就业等政策协同发力，优化各类增量资源配置和存量结构调整。

三、必须统筹好总供给和总需求的关系

总供给和总需求的平衡是社会再生产顺利进行的条件。总供给是指一个国家或地区在一定时期内（通常为 1 年）由社会生产活动实际可以提供给市场的可供最终使用的产品和劳务总量。总需求是指一个国家或地区在一定时期内（通常为 1 年）由社会可用于投资和消费的支出所实际形成的对产品和劳务的购买力总量。总供给和总需求的平衡包括总量平衡和结构平衡两个方面，总量平衡是结构平衡的必要条件，结构平衡是总量平衡的充分条件。供给和需求是市场经济内在关系中两个相互依存的基本方面，是既对立又统一的辩证关系，二者相互依存、互为条件。没有需求，供给就无从实现，新的需求可以催生新的供给；没有供给，需求就无法满足，新的供给可以创造新的需求。

经济稳定增长必须统筹好总供给和总需求的关系。总需求小于总供给，就会出现经济过剩；总需求大于总供给，就会出现经济短缺。统筹好总供给和总需求，有助于避免资源的闲置和浪费，使生产要素得到充分利用，提高整个社会的资源利用效率，让经济更加稳定，从而为经济持续向好提供支撑。

2024 年中央经济工作会议提出，要以科技创新引领新质生产力发展，建设现代化产业体系；发挥经济体制改革牵引作用，推动标志

性改革举措落地见效；扩大高水平对外开放，稳外贸、稳外资；统筹推进新型城镇化和乡村全面振兴，促进城乡融合发展；加大区域战略实施力度，增强区域发展活力。这是以提升供给质量为目标的供给结构管理综合政策。2024年中央经济工作会议强调要大力提振消费、提高投资效益，全方位扩大国内需求，包括：实施提振消费专项行动，推动中低收入群体增收减负，提升消费能力、意愿和层级；适当提高退休人员基本养老金，提高城乡居民基础养老金，提高城乡居民医保财政补助标准；加力扩围实施"两新"政策（大规模设备更新和消费品以旧换新），创新多元化消费场景，扩大服务消费，促进文化旅游业发展；积极发展首发经济、冰雪经济、银发经济；加强自上而下组织协调，更大力度支持"两重"项目（国家重大战略实施和重点领域安全能力建设）；适度增加中央预算内投资；加强财政与金融的配合，以政府投资有效带动社会投资；大力实施城市更新；实施降低全社会物流成本专项行动；等等。这些需求总量管理政策和需求结构管理政策的实施，旨在增加社会总需求数量、扩大社会总需求规模。

四、必须统筹好培育新动能和更新旧动能的关系

中央经济工作会议强调，做好经济工作"必须统筹好培育新动能和更新旧动能的关系，因地制宜发展新质生产力"。将培育新动能、更新旧动能与新质生产力紧密结合起来，是对经济工作规律性认识的深刻把握。新动能是指在新一轮科技革命和产业变革中形成的经济社会发展新动力，包括新技术、新产业、新业态和新模式。新动能的核心在于创新，通过利用新的科学技术成果，推动经济的高质量发展，

其不仅提高了生产效率，还改变了传统产业的组织结构，促进了新兴产业的产生与发展，如数字经济新动能。旧动能是指传统的经济增长方式，主要依赖于资源和要素的投入，如大规模投资、廉价劳动力和丰富的自然资源等，其特点是发展模式较为粗放，技术含量较低，对环境和资源的消耗较大。

新动能与旧动能是相互依存的。新动能的发展往往需要旧动能的基础和支撑，例如新兴产业的崛起需要传统产业的配套和协作，而旧动能的转型升级也需要新动能的引领和带动，以实现更高效、更可持续的发展。同时，新动能与旧动能之间又是动态发展的。旧动能经过转型升级可以成为新动能，新动能随着时代发展、技术革新也会变成旧动能。经济发展到一定阶段，需要实现动能的转换，需要培育新动能，这是经济保持健康发展的内在要求。生产要素创新性配置是催生新质生产力的路径之一。新质生产力代表先进生产力，主要依托新兴产业和未来产业。同时，要加快运用先进技术、前沿技术来改造提升传统产业，推动传统产业自身培育和发展新质生产力。传统产业在经济构成中占比较高，而且传统产业的相当一部分并不会因为新产业的出现就消失。因此，要通过新旧动能双轮驱动形成经济增长的合力。

我国正处于推动新旧动能转换的关键时期，必须统筹好培育新动能和更新旧动能的关系。按照中央经济工作会议要求，经济工作总基调是坚持稳中求进、以进促稳、先立后破、守正创新、系统集成、协同配合。实现新旧动能转换，必须科学把握好"稳"与"进"、"立"与"破"的辩证关系。一方面，传统产业在吸纳就业、稳定产业链供应链等方面扮演着重要角色，新旧动能转换不能忽视或激进淘汰传统产业，通过科技创新、数字化赋能，使传统产业成为新质生产力的重要载体。另一方面，加快培育壮大新兴产业。加强基础研究和关键核心技术攻关，超前布局重大科技项目，开展新技术新产品新场景大规模应用示范行动，开展"人工智能+"行动，培育未来产业。由此可见，培育新动能和更新旧动能是一个涉及技术创新、管理创新以及商业模式创新和制度创新的系统工程。既要总揽全局、统一规划，更加注重系统性、整体性、协同性，又要抓住牵动全局的主要工作，着力推进、重点突破。

一是深入实施创新驱动发展战略，加快经济增长动力转换。培育新动能和更新旧动能，最关键的是创新驱动。2024年1月31日，习近平总书记在中共二十届中央政治局第十一次集体学习的讲话中指出："要聚焦国家战略和经济社会发展现实需要，以关键共性技术、前沿引领技术、现代工程技术、颠覆性技术创新为突破口，充分发挥新型举国体制优势，打好关键核心技术攻坚战，使原创性、颠覆性科技创新成果竞相涌现，培育发展新质生产力的新动能。"① 以科技创新推动产业创新，深入实施创新驱动发展战略，优化科技创新平台，打造重大技术创新策源地、创新成果转化地、创新人才集聚地、创新创业新高地。发挥新型举国体制优势，集中产学研各方的优质资源和科研力量，引导政府、市场和社会形成合力、协同发力，有计划、有组织地实施一系列产业科技攻关工程，推动关键核心技术突破，为经济发展提供新动力。

二是坚持供给侧需求侧协同发力，构建现代化产业体系。经济增长新动能既来自供给端，也来自需求端。所以，既要从要素驱动转为创新驱动以推动经济发展，也要从投资驱动转为消费驱动以拉动经济发展。必须坚持以供给侧结构性改革为主线，优化存量资源配置，扩大优质增量供给，以新的供给创造新的需求。注重加强需求侧管理，

---

① 习近平：《发展新质生产力是推动高质量发展的内在要求和重要着力点》，《求是》2024年第11期。

坚持扩大内需战略基点，以新的需求催生新的供给。因此，培育新动能和更新旧动能，要坚持供给侧需求侧协同发力，构建现代化产业体系。一方面通过开展新技术、新产品、新场景大规模应用示范行动，加快形成新产业、新模式、新赛道，开展"人工智能+"行动，推动产业形态、产业结构、产业组织方式的深刻变化，形成新的生产力质态；另一方面大力提振消费、提高投资效益，全方位扩大国内需求。以市场为导向，以智慧化、融合化为转换方向，创新多元化消费场景，扩大服务消费。加大在基础设施、安全领域以及在教育、医疗、养老等公共服务领域的投资，加快推动构建房地产发展新模式，深入实施城市更新行动和危旧房改造，进一步发挥投资的积极作用。

三是深化经济体制改革，激发培育新动能更新旧动能的活力。统筹好有效市场和有为政府的关系，形成"既放得活又管得住"的经济秩序，激发全社会内生动力和创新活力。深化经济体制改革，使市场在资源配置中起决定性作用，更好发挥政府作用。政府行为越规范，市场作用就越有效，政府要有所为、有所不为，为培育和发展新质生产力提供坚强制度保障。深化要素市场化配置改革，完善要素市场制度和规则，促进要素自主有序流动，提高要素配置效率。深化科技和教育体制机制改革，加快建立支持全面创新的体制机制，打通束缚新质生产力发展的"堵点""卡点"，进一步激发培育新动能更新旧动能的活力。

四是加强人才队伍建设，凝聚培育新动能更新旧动能的合力。充分认识人才在培育新动能和更新旧动能、发展新质生产力上的关键作用。培养和引进新一轮科技革命和产业变革所需的中青年骨干，逐步建立起科技人才培养长效机制。发挥市场对人力资本的导向功能，推动市场真正在创新资源配置中起决定性作用，畅通"产学研一体化"的体制机制，提高科技成果转化效率。改进现有的科技成果使用权、处置权管理规则，实施正向激励，逐步赋予科技人才研发成果所有权或长期使用权，创新科研成果收益分配制度，更大限度地调动科技人才成果转化的积极性。

五、必须统筹好做优增量和盘活存量的关系

中央经济工作会议提出：必须统筹好做优增量和盘活存量的关系，全面提高资源配置效率。这是在深刻洞察我国经济发展阶段与条件变化的基础上形成的规律性认识，对指导今后一段时期我国经济高质量发展具有重大意义。存量和增量，相互依存、相互促进、相互转化。存量是增量的基础，增量是存量的转变。存量是指某一时点上已经存在的资源、资产、经济总量或积累量，盘活存量，就是要让这些资源和资产动起来，不再让这些资产"沉睡"，让经济循环起来；增量是指某一时期内新增的数量或变动量，也称为流量。存量由增量变动累积而成，增量又由存量而产生，两者互为条件、相互转化、相互影响。

经过改革开放40多年的快速发展，我国经济的存量规模大幅跃升。进入高质量发展阶段后，受各类因素影响，经济增速放缓，国内周期性、结构性矛盾并存。有效需求不足，外需面临走弱，内需有待提振，居民就业增收压力较大，消费能力受到抑制。一些领域风险隐患仍然较多，国内大循环存在堵点，增量带动作用明显减弱。因此，保持经济稳定增长，要做优增量，不断向经济注入新的生产率要素；同时，要盘活存量，提升现有存量要素的产出效率。

按照中央经济工作会议精神，"做优增量和盘活存量"，一方面通过提高现有资源的使用效率，提升活力、释放潜力，不断催生新的经

济增长点。盘活存量意味着通过改革和创新充分挖掘现有资源的潜力，避免资源闲置和低效使用。要深化要素市场化改革，进一步完善资本市场功能，引导资金流向创新和高效领域，推动科技型企业和战略性新兴产业发展。加强金融改革，提高融资渠道的多样性。要推动土地、劳动力等要素市场化配置。加强规划统筹，引导有序盘活存量土地和低效用地。另一方面做优增量，要通过技术创新、产业升级、消费推动等手段，培育和创造新的增长动力。围绕发展新质生产力，以颠覆性技术创新催生产业革命性变革，形成新的生产力质态。

六、必须统筹好提升质量和做大总量的关系

推动经济高质量发展，既需要实现质的有效提升，又需要实现量的合理增长。量的合理增长为质的有效提升夯实基础，质的有效提升为量的合理增长提供动力支撑，最终实现经济可持续发展和量质协同演化。提升质量做大总量，夯实物质基础，是实现中国式现代化的物质基础。一方面，提升人民的生活水平，改善民生，归根到底需要物质基础的支撑，需要不断做大总量；另一方面，满足人民对美好生活的向往，解决发展中"好不好"的问题，必须提升发展的质量。

当前外部环境变化带来的不利影响加深，我国经济运行仍面临不少困难和挑战。国内需求不足，部分企业生产经营困难，群众就业增收面临压力，风险隐患仍然较多。这些都成为经济高质量发展面临的突出问题。同时必须看到，我国经济基础稳、优势多、韧性强、潜能大，长期向好的支撑条件和基本趋势没有变。基础稳，主要是经济发展的底盘稳。我国是超大规模经济体，拥有巨大的经济体量、市场容

量和产业配套能力，内部经济和外向经济可实现良性互动的双循环，这是我国经济行稳致远的重要保证。优势多，主要是我国既有大国经济共有的规模优势、市场优势、人才优势、创新优势，还有党的领导和社会主义市场经济体制的独特制度优势，决定了我国经济具有较强综合国力和国际竞争力的优势所在。韧性强，主要是我国企业产业体系完备，经营主体类型多样，适应环境变化的能力强。我国居民储蓄率高、适应经济波动的能力也较强。这是我国拥有强大抗风险能力的根源所在。潜能大，主要是我国仍是发展中国家，发展不平衡、不充分，这是我国拥有更大发展空间的潜力和动力所在。

确保经济行稳致远，不仅要采取做大总量的方式方法，更要通过提升质量的路径途径。从需求端看，扩大内需是统筹提升质量和做大总量的重要抓手。中央经济工作会议提出，要大力提振消费、提高投资效益，全方位扩大国内需求。通过释放消费潜力和加快消费升级，积极发展首发经济、冰雪经济、银发经济，要充分运用虚拟现实（VR）、人工智能（AI）等新技术，继续大力培育具有创新、跨界等特点的新型融合消费业态。把握好投资方向，提高投资效益。加快推动构建房地产发展新模式，深入实施城市更新行动和危旧房改造等。从供给端看，产业是经济质量与总量的重要形态和载体，提质扩量既要提升产业层级，又要扩大产业规模。在当前我国经济发展新旧动能转换的关键时期，既要加快发展战略性新兴产业，超前布局培育未来产业，推动经济质量整体提升和经济增量迅速壮大，增强经济持续增长的后劲和韧性，也要加快推进存量规模巨大的传统产业数智化、绿色化转型，特别是具有市场潜力的传统产业优化升级，补齐"大而不强"的短板，稳住经济总量"基本盘"的同时，确保经济实现质的有效提升。

第一章
全方位扩大国内需求

  党的二十届三中全会指出要"加快培育完整内需体系"。2024 年中央经济工作会议部署了 2025 年的九项重点任务,并将"大力提振消费、提高投资效益,全方位扩大国内需求"摆在首位。2025 年《政府工作报告》在分析研究经济工作形势并进行未来工作部署时,将全方位扩大国内需求摆在十大重点任务之首。内需已经成为拉动经济增长的主动力,全方位扩大内需是当前我国促进经济发展的重要战略举措。

"内需是中国经济发展的基本动力，也是满足人民日益增长的美好生活需要的必然要求。"[①] 内需继续成为经济增长的主动力，2024 年内需对经济增长贡献率为 69.7%。我国对外贸易依存度从 2006 年峰值的 67% 下降到 2024 年的 32.5%，经常项目顺差占国内生产总值的比重由最高时的 10% 以上降至 2024 年的 2.2% 左右。未来一个时期，我国国内市场主导经济循环的特征会更加明显，经济增长的内需潜力会不断释放。

一、全方位扩大国内需求的重要意义

当前，世界百年未有之大变局加速演进，国际环境和竞争格局发生深刻变化，世界经济运行的不稳定性和不确定性明显增加。同时，国内经济发展步入新常态，总供给和总需求的平衡呈现出新特征。面对诸多挑战和问题，全方位扩大国内需求不仅是大国经济发展的必然选择，是应对国际风险冲击、化解国内风险挑战的重要手段，还是满足人民对美好生活向往的现实需要。为此，深入分析全方位扩大国内需求的必然性，对于新发展格局下推动经济平稳健康发展具有重要意义。

（一）全方位扩大国内需求是大国经济发展的必然选择

综观国际发展经验逻辑，大国经济都呈现出内需为主导、内部可循环的特征。库兹涅茨在《各国的经济增长》中指出，国家的经济规模越大，外贸业务和对比优势改变的贡献就越小；钱纳里的《发展的

[①] 习近平：《开放共创繁荣 创新引领未来：在博鳌亚洲论坛 2018 年年会开幕式上的主旨演讲》，人民出版社 2018 年版，第 12 页。

格局：1950—1970》强调，大国普遍采取内向型发展政策；张培刚在《新发展经济学》中进一步归纳发展中大国的4个经验特点，强调内向型发展战略和政策是发展中大国的主要经济发展模式。可知，大国经济增长的主要动力来源于国内需求，凭借国内需求带动国家经济增长，改善生产结构，这种经济特征在工业革命时期的英国，以及当前的美国、德国等大型经济体上均有反映。

我国作为典型的发展中大国，拥有超大规模市场和完整产业体系，这种强劲的市场需求和充裕的要素供给是构建以国内市场为主导的经济循环的坚实基础。然而，20世纪80年代以来，由于资本短缺，我们主要依赖对外开放和外向型发展模式促进经济实现快速增长。但"随着外部环境和我国发展所具有的要素禀赋的变化，市场和资源两头在外的国际大循环动能明显减弱，而我国内需潜力不断释放，国内大循环活力日益强劲，客观上有着此消彼长的态势"①。如今，"我国作为全球第二大经济体和制造业第一大国，国内经济循环同国际经济循环的关系客观上早有调整的要求"②。因此，全方位扩大国内需求，既是立足中国自身发展实际，也是顺应大国经济发展规律所作出的必然选择。

（二）全方位扩大国内需求是应对国际风险冲击的有效途径

全方位扩大国内需求是化解外部风险冲击和外需下降问题的有效途径。当前，世界经济增长和贸易动能不足，贸易保护主义、单边主义和地缘政治冲突交织，世界经济运行的不确定性加剧致使外需承压较重。

---

① 中共中央党史和文献研究院编：《十九大以来重要文献选编》（中），中央文献出版社2021年版，第664页。

② 习近平：《新发展阶段贯彻新发展理念必然要求构建新发展格局》，《求是》2022年第17期。

"面对严重的外部危机冲击，我们把扩大内需作为保持经济平稳较快发展的基本立足点，推动经济发展向内需主导转变，国内循环在我国经济中的作用开始显著上升。"[1]"国内循环越顺畅，越能形成对全球资源要素的引力场，越有利于构建以国内大循环为主体、国内国际双循环相互促进的新发展格局，越有利于形成参与国际竞争和合作的新优势。"[2] 以消费和投资为代表的内部需求已成为拉动经济增长的关键力量。因此，实施全方位扩大国内需求有利于掌握应对风险挑战的战略主动。

全方位扩大国内需求既是应对国际风险冲击的有效途径，也有助于推动世界经济稳定运行。海关总署数据显示，2024 年我国货物贸易进出口总值 43.85 万亿元，同比增长 5%；对共建"一带一路"国家进出口增长 6.4%，占我国进出口总值的 50.3%，其中出口、进口分别增长 9.6%、2.7%。[3] 扩大内需有助于吸引更多国际投资进入中国市场，为中国经济平稳过渡提供充裕的资金支持，同时也为国际投资者提供更多机遇。2024 年，我国全国新设立外商投资企业 59080 家，同比增长 9.9%，这也说明全方位扩大内需战略的实施，可以为世界经济运行提供重要支撑，增强全球经济发展信心。[4]

（三）全方位扩大国内需求是稳定国内经济的实践要求

全方位扩大国内需求不仅是化解新时期社会主要矛盾的重要途

---

[1] 习近平：《新发展阶段贯彻新发展理念必然要求构建新发展格局》，《求是》2022 年第 17 期。

[2] 习近平：《国家中长期经济社会发展战略若干重大问题》，《求是》2020 年第 21 期。

[3] 参见邱海峰：《二〇二四年货物贸易进出口总量、增量、质量均有提高——中国外贸实现"三量"齐升》，《人民日报（海外版）》2025 年 1 月 14 日。

[4] 参见中华人民共和国商务部：《2024 年全国吸收外资 8262.5 亿元人民币》，2025 年 1 月 17 日。

径，还是促进经济平稳健康运行的实践要求。随着中国经济进入新常态，我国迈入优化经济结构、转换增长动力的攻坚时期，从依靠增量扩张到调整存量做优增量并举，从低成本要素投入向创新驱动转变。一方面，经济社会的内部矛盾出现系统性变化，催生宏观经济失衡的新特点。特别表现为产能过剩与有效需求不足的矛盾冲突加剧，对宏观经济调控方式提出了新的挑战，要求宏观经济政策转向消费与投资并重，并更加重视消费，加快形成需求牵引供给、供给创造需求的更高水平动态平衡的格局。另一方面，尽管在内需牵引下国内经济正在稳步恢复，但挑战和困难逐渐增多，投资的引擎作用仍待提升。集中体现为部分企业生产经营困难，群众就业增收压力较大，居民消费能力和信心不足，民间投资预期较弱，房地产市场面临深度调整，等等。亟须增强消费能力，改善消费条件，创造消费场景，使消费潜力充分释放出来。但也应意识到，投资是扩大国内需求的另一引擎。2024 年，我国基础设施投资比上年增长 4.4%，其中，水利管理业投资增长 41.7%，航空运输业投资增长 20.7%。[①] 重点领域投资和设备更新投资持续增长，能够在一定程度上为经济增长动能提供支撑，推动扩大国内需求。因此，全方位扩大国内需求战略不仅是面对当前经济驱动力量发生转变后的必然选择，也是进一步推动经济结构优化升级，更好实现宏观经济回升和国民经济良性循环的重要途径。

（四）全方位扩大国内需求是满足人民对美好生活向往的现实需要

全方位扩大国内需求是推动供需关系的动态平衡、满足人民对美好生活向往的现实需要。2024 年，我国人均国内生产总值已经突破 1.3

---

① 参见国家统计局：《2024 年全国固定资产投资增长 3.2%》，2025 年 1 月 17 日。

万美元①，正迈向高收入国家行列，"四化"同步发展快速推进，居民消费需求也从关注数量转向追求质量，呈现出多元化、个性化、定制化的特征，规模广阔、潜力巨大的内需市场正在加速形成。2024 年，我国恩格尔系数为 29.8%，全国居民人均服务性消费支出增长 7.4%，占人均消费支出的比重为 46.1%，比上年提高 0.9 个百分点。② 居民的享受型、改善型消费需求增长，更加关注于消费质量而非消费数量，这就对供给总量和供给结构方面提出了更高的要求。2024 年限额以上单位家用电器和音像器材类商品零售额达到 10307 亿元，比上年增长 12.3%，超过 2017 年的 9454 亿元峰值并突破万亿元大关。③ 这一数据集中展示了政策效应对供给侧的传导作用，政策的有效发挥可以实现提振消费和带动生产的同步推进，既有益于经济的高质量发展，又满足了人民对美好生活的向往。因此，着力解决供给结构失衡、供给质量不高等问题，提升供给创造需求的牵引力以推动形成供给和需求的动态平衡，是满足人民对美好生活向往的深刻现实需要。

二、全方位扩大国内需求的主要问题及其成因

全方位扩大国内需求要求精准把握当前扩大国内需求过程中面临的主要问题，而明确这些问题首先需要把握现阶段消费和投资特征，

---

① 参见国家统计局：《2024 年经济运行稳中有进　主要发展目标顺利实现》，2025 年 1 月 17 日。

② 参见国家统计局：《中华人民共和国 2024 年国民经济和社会发展统计公报》，2025 年 2 月 28 日。

③ 参见《"以旧换新"带动家电等商品零售额同比增长 12.3%》，《经济日报》2025 年 1 月 19 日。

再进一步剖析现象背后的深层次原因。改革开放以后，我国经济高速增长，居民生活水平和经济总量实现了质的飞跃，但同时还存在着消费不足、消费意愿和消费信心下降，有效投资不足、投资结构失衡等结构性问题，这些现象的精准把握对于明晰当前阶段的消费和投资特征具有重要作用。

（一）全方位扩大国内需求面临的主要问题

2024 年 12 月，中央经济工作会议指出，"我国经济运行仍面临不少困难和挑战，主要是国内需求不足，部分企业生产经营困难，群众就业增收面临压力，风险隐患仍然较多"。当前，我国全方位扩大国内需求面临的主要问题体现在消费和投资两个方面。

从消费层面来说：一是整体消费不足。世界银行数据库（World Bank Data）数据显示，2023 年我国最终消费率为 55.64%，远低于美国的 81.34%，也低于亚洲的主要发展中国家。相较于消费在国内大循环中起到的作用以及带动经济增长的核心支撑能力来说，整体消费仍显不足。二是消费意愿走低。我国居民家庭人均消费支出占人均可支配收入的比例从 2000 年的 78.3% 下降至 2024 年的 68.32%。尽管人均收入和人均消费支出的绝对值都在增长，但消费需求落后于收入，消费意愿走低，居民的储蓄性、预防性动机增强。三是食行消费降级。2024 年 12 月，全国居民消费价格指数同比微涨 0.1%，八大类商品及服务价格"五升三降"，食品价格、交通通信、生活用品及服务价格分别下降 0.6%、2.2% 和 0.7%，工业生产者出厂价格和购进价格均下降 2.2%，这显示出经济循环方面依然存在阻碍。① 四

---

① 参见国家统计局：《2024 年 12 月份居民消费价格同比上涨 0.1%》，2025 年 1 月 9 日。

是消费结构不合理。消费结构不合理的主要特征表现为服务消费不足，2024 年我国居民人均服务性消费支出占人均消费性支出的比例为 46.1%，而大多数发达国家的服务性消费占比均在 50%以上，消费性服务占比还有较大的提升空间。

从投资层面来说：一是投资效率不高。尽管 2024 年第四季度全国规模以上工业产能利用率为 76.2%，较上年同期上升 0.3 个百分点，较第三季度上升 1.1 个百分点，但全国规模以上工业产能利用率自 2011 年起长期低于 80%，且 2024 年第一、三季度利用率相较于 2023 年有所下降，工业产能基础还未稳定，存在过剩产能集中于部分行业的问题。二是民间投资低迷。民间投资不仅是推动经济增长的重要动力，也是推动创新、促进就业和保障社会稳定的关键因素。但数据表明，2024 年全国固定资产投资（不含农户）为 514374 亿元，比上年增长 3.2%，民间固定资产投资为 257574 亿元，下降 0.1%，民间投资呈现出低迷态势，预期不稳、信心不足的问题依然明显，民营企业信心亟待提振。① 三是投资面临转型升级的压力。2024 年基础设施投资增长 4.4%，相较于 2023 年回落 1.5 个百分点，基础设施建设增长的回落会对经济发展产生影响。同时，房地产市场持续走低，2024 年房地产开发投资下降 10.6%，相较于 2023 年下降 1 个百分点，房地产市场调整会成为影响 2025 年经济增长的关键要素。

（二）成因分析

在准确把握我国全方位扩大国内需求面临的主要问题后，有必要对现象背后的深层次原因进行分析，以破除内需不足的突出症结，把

---

① 参见国家统计局：《2024 年全国固定资产投资增长 3.2%》，2025 年 1 月 17 日。

全方位扩大国内需求这一战略落到实处，凝聚推动经济实现稳中向好的强大合力。具体而言，主要包含以下几个方面。

1. 社会保障体系不健全影响消费意愿

消费意愿和消费能力是影响消费规模的重要因素，而消费意愿主要受限于边际消费倾向。一方面，当前居民收入的不确定性变强，致使居民消费意愿下降，预防性储蓄需求增加，对消费的挤出作用明显。同时，养老、医疗等社会保障体系仍存在不完善之处，增加了消费者对未来的不确定性，影响消费者的消费意愿。在此情况下，扩大社会保障覆盖面，完善社会保障体系是提升居民消费意愿的重要途径。另一方面，消费环境对消费倾向的影响不可忽视。当前，消费产品"爆雷"事件时有发生，产品质量和售后保障不足会影响消费者的信任程度，降低消费者的消费倾向。要以优化体制机制为抓手，创新多层次消费产品，营造安全、便捷的消费环境，加强消费者的权益保护，以不断提高消费者的消费意愿。

2. 收入增长和财富效应制约消费能力

消费能力不足影响消费的扩张，而收入增长和财富效应是制约消费能力的主要因素。受就业承压、收入增速放缓、房地产资产价格走低等因素影响，收入与资产受损挤压消费空间，居民消费能力偏弱，扰动经济平稳快速修复。一方面，收入水平以及平等程度影响居民消费能力。收入增长放缓是影响消费扩张的重要因素，同时居民收入占GDP 的比重偏低对居民消费能力的提升也起到阻碍作用。此外，我国基尼系数依然保持在较高水平，居民收入差距较大。这种差距会引发消费能力的分化，高收入群体消费倾向低，低收入群体购买力不足，进而降低了社会整体消费能力，影响经济循环和可持续发展。另一方面，在财富价值方面，受房地产价格下跌的影响，居民财富价值有不同程度的缩水，居民资产负债表预期弱化，储蓄动机增强。同时，资本市场内生稳定性不足、股票市场走势低迷也进一步降低了居民的财产性收入水平，难以有效释放消费活力。

3.人口老龄化影响消费结构和投资结构

人口老龄化给消费市场和投资市场带来结构性挑战。随着我国人口周期拐点逐渐显现，自然增长率趋近于零，人口红利消失。以人口红利和高储蓄投资率为支撑的高资本投入已经难以为继，我国经济社会发展步入提质换挡时期。一方面，人口老龄化降低消费活力，意味着更多消费将用于医疗保健和日常生活，而非娱乐、教育等，促使消费需求从增长型消费转变为稳定型消费。同时，人口结构的变化会对消费偏好和消费需求产生影响，推动形成新的市场均衡。根据生命周期消费理论可知，老龄人口的消费占比相较于中青年会有所增加，但实际上考虑到预防性储蓄和遗赠动机，老年人会自发减少消费行为，且非生产人口占比增加会抑制社会消费活力，降低消费增速。另一方面，人口老龄化促使投资的风险偏好改变，投资活力下降。根据2019年的"中国家庭金融调查"（CHFS）数据，随着年龄的增加，消费者的风险投资偏好会逐渐降低。人口老龄化促使资本配置倾向于保本收益，而非风险性投资，进而影响社会整体的风险投资水平，降低社会投资效能。

4.新供给业态创造不足难以满足高层次潜在需求

新供给业态创造不足是制约内需扩张的一大挑战。当前，我国高科技、高效能、高质量产品的供给相对不充分，难以弥合居民的高层次潜在消费需求，这在一定程度上抑制了消费潜力的释放。一方面，随着经济步入新常态，我国社会主要矛盾已经转变为人民日益增长的美好生活需要和不平衡不充分的发展之间的矛盾，居民需求也呈现出个性化、多样化、不断升级的新特点。新供给业态的创造不足难以满足居民的高层次消费需求，致使高端消费外溢现象明显。此外，新型消费领域的科技产品价格居高不下也会影响消费潜力的释放。另一方面，我国中低层次传统产品和服务已经较好满足人民生活需求，市场趋于饱和，但随着总量刺激的影响，中低层次消费品供给的扩张会产生生产过剩的问题，在一定程度上降低供给侧和需求侧的匹配程度。应当充分认识到中国高端消费市场所具有的巨大潜力，在精准把握高端消费市场需求的基础上，以科技创新为核心驱动力推动形成新产品、新服务等新供给，满足以高科技、高效能、高质量产品为主的新型消费需求，有力有效释放内需潜能。

5.激励约束机制不健全影响投资效率

建立健全激励约束机制是推动经济社会平稳健康发展的必然要求。党的二十届三中全会通过的《中共中央关于进一步全面深化改革、推进中国式现代化的决定》强调，要"深化供给侧结构性改革，完善推动高质量发展激励约束机制，塑造发展新动能新优势"。考虑到当前我国激励约束机制还不健全，制度创新和制度设计的引领作用有限，致使其在调整经济结构、改善生产力布局、提升国际竞争力等方面的功能未能完全发挥。投资层面还存在着基础设施区域间重复建设、大而不当，产业链区域布局雷同、区域内"小而全""弱而全"的现象，致使产能过剩、投资效率走低，这在一定程度上会对未来投资产生挤出效应，阻滞投资增长的可持续性。

6.要素市场化配置不充分和营商环境不适配制约民间投资活力

当前，我国民间投资主要聚集在传统制造业和传统服务业领域，要素市场化配置不充分和营商环境不适配制约民间投资活力。一方面，能源要素价格未完全实现市场化致使产业链上下游、实体与金融、不同行业和领域之间回报率的"剪刀差"增大，这在一定程度上挤压民营企业的投资回报，抑制民营资本的投资活力。同时，凭借技术创新进行业务扩张和转型发展的门槛和难度明显增高，人才短缺、融资不足等问题制约民营企业的投资动力，造成投资观望、惜投的现象。另一方面，营商环境与民营投资主体的能力不匹配。一些部门采取运动式监管和审慎包容监管，致使监管不当、监管过度的问题产生，影响民营资本的投资活力。同时，金融市场结构单一且以间接融资为主，致使社会融资对于投资活力更高的民营企业的支持能力相对较弱，制约市场未来投资的增长内生动力。

三、全方位扩大国内需求的政策建议

当前，受居民资产负债表弱化、市场预期不足、人口老龄化加剧、体制机制不完善等不利因素的影响，全方位扩大国内需求仍有较长的路要走。党的二十大报告强调，要"增强消费对经济发展的基础性作用和投资对优化供给结构的关键作用"。为此，要从供需两侧同步发力，既要在提高消费能力和消费意愿上下足功夫，也要大力推动供给侧创新发展，加快培育消费新业态、新模式、新动能，不断拓展潜在消费空间，推动经济实现平稳良性循环。

（一）健全社会保障制度，提振内需信心

完善的社会保障体系能够起到维系社会平稳运行的稳定器作用，能够有效提振居民消费信心。健全社会保障体系，首先，要加快形成多层次、多支柱养老保险体系，加大政府公共助老、养老投入，扩围

养老保障的覆盖面。适当提高退休人员基本养老金水平，加大老年收入群体的基本公共服务建设力度，以更好应对人口老龄化挑战，鼓励发展银发经济。其次，健全城乡融合的服务保障机制，提升农业转移人口的社会保障投入力度，确保灵活就业人员、进城务工人员等公平享有基本医疗和社会保障，真正做到社会保险的全面覆盖。逐步扩大城镇消费、拓展农村消费，树立城乡居民的消费信心。最后，要加强中低收入群体在医疗、养老等公共服务方面的兜底保障作用，提高低收入人群的动态监测以及常态化帮扶管理，加大公共服务和民生事项对中低收入群体的倾斜，为中低收入群体的消费增长提供基础支撑。

（二）稳就业促增收，增添内需活力

稳定就业、促进收入增长是全方位提高内需活力的根本之策。一方面，千方百计稳就业。要着力完善重点领域、重点行业、城乡基层和中小微企业的就业支持计划，更好发挥稳岗返还、税费减免、就业补贴等政策效能。要提升大学毕业生的就业能力，健全失业人员的救助和再就业服务体系，加强对就业困难群体的帮扶，推动形成以收入为支撑的消费需求。要营造公平有序的市场竞争环境，鼓励民营经济尤其是劳动密集型产业发展，不断提升社会就业容量。另一方面，多措并举增加财产性收入。着力稳定房地产市场预期，推动住房价格的止跌回稳，支持银企联动加快处置存量住房、探索商品房以旧换新政策，释放居民的刚性和改善性住房需求，修复因房地产价格下跌而受损的居民资产负债表，提升居民的财产性收入水平。同时，深化资本市场的投融资改革政策，形成兼具融资和投资功能的多层次资本市场，推动股票市场的健康稳定发展，提升居民的财富效应，刺激居民消费。

（三）完善收入分配制度，激发内需潜能

加速形成合理的收入分配格局是有效扩大内需的重要渠道。要坚持以按劳分配为主体、多种分配方式并存，完善与收入分配制度配套的制度安排，加快构建技能导向的薪酬分配制度，确保多劳者多得、技高者多得、创新者多得，以有效缩小收入差距，增强中低收入群体的消费能力，扩大潜在消费需求。首先，完善预分配制度。以财政支持为引导，吸引社会力量参与社会公共服务供给，并通过加强配套设施建设等措施提升基础教育质量，减少教育不公平现象。其次，健全初次分配制度。进一步完善按劳分配的制度体系，加快形成兼具保障、激励和补偿功能的薪酬制度、保护就业人员平等享有各类合法权益的就业保障制度，稳步提升劳动报酬在初次分配中的比重。再次，优化再分配及三次分配制度。优化个人所得税的征收制度，依据居民收入和消费情况进行税收调整，通过开征遗产税和赠与税等，加强对高收入者的税收调节和监管。健全合理的工资增长体系，关注低收入人群的收入调节效果。同时，通过税收优惠政策，引导支持社会群体参与慈善事业、公益事业，引导社会力量主动进行收入分配调节。最后，强化收入分配的监管体制。加大对高收入人群的资产监管力度，防范资本无序扩张，防止行政垄断和市场垄断扰乱秩序。

（四）以供给侧结构性改革，培育消费新业态

通过深化供给侧结构性改革，更好满足人民日益增长的消费需求，改善消费环境，最大限度地释放内需潜力。首先，增加优质产品和服务供给。从放宽准入、减少限制、优化监管等方面入手，稳步扩大健康、养老、托幼等服务供给，积极培育数字消费、绿色消费等消

费场景，增强供需之间的匹配程度。其次，强化科技赋能，不断提高供给侧的创新能力。加快建设工业互联网、物联网等新型基础设施，通过数字技术在新型消费业态中的应用扩围，创新服务场景，提升消费者的消费体验和消费意愿。再次，加大新型消费业态的支持力度。增加财政补贴、税收补贴等财政支持，完善免税店政策体系，吸引扩大入境消费，激励企业进行科技创新，落实和优化休假制度，释放消费潜力，推动新消费业态的健康快速发展。最后，建立强监管的市场环境，严厉打击假冒伪劣产品，健全全口径消费统计制度，保障消费者的合法权益，提升消费者对新消费业态的消费信心和消费意愿。

（五）完善激励约束机制，扩大有效投资

完善激励约束机制，要坚持问题导向，不断推进激励约束体系更加规范、管理手段更加有效、体制机制更加健全。一方面，加快建立促进高质量发展转移支付激励约束机制。加大一般性转移支付总量，引导资金向中西部薄弱地区以及民生等中央确定的重点领域倾斜，增强该地区经济的自我发展活力。清理、整合、规范专项转移支付，对项目数量和资金规模进行严格把关，强化地方财政的资金统筹能力，减少交叉重复。发挥超长期特别国债的作用，更大力度支持"两重"项目建设。探索差异化补助政策，增强地区间基本公共服务水平的协调度。此外，加大转移支付财政支出的监督和绩效管理水平，提高立项审批、使用管理和使用结果的透明度，并根据政策结果和形式的变化，适时适当调整支出政策，提升资金的使用效能。另一方面，健全有效的激励约束机制对于推动金融服务实体经济发展不可或缺。加强存款准备金率、公开市场操作等政策工具的合理使用，以促进商业银行对实体经济的支持，增加信贷市场投放总量。通过传导机制引导金

融资源向重点领域和薄弱环节倾斜，发挥结构性货币政策对金融资源的激励效果，实现精准滴灌、定向投放、杠杆撬动的作用，增强金融服务实体经济的效能。进一步完善数量型和价格型货币政策工具的使用，增强金融服务实体经济的意愿。同时，强化监管责任和问责制度，定期开展压力测试，提高监管的有效性，及时发现可能存在的风险隐患，确保金融体系的平稳运行。

（六）改善市场环境，增强民间投资动力

优化要素市场化配置、改善营商环境，促进形成民间投资的良好预期，增强民间投资的内生动力。一方面，要继续优化要素市场化配置。推动生产要素的循环畅通和资源的高效配置，充分释放市场潜力。破除妨碍要素市场化配置的各种隐形壁垒，更好解决民营企业在进入市场过程中所遇到的障碍，增强民间投资动力。另一方面，持续改善营商环境。持续优化行政审批制度，简化审批流程，提高审批效率。建立公平竞争审查机制，化解地方保护、市场分割等突出问题，为民间资本和民营企业家提供公平竞争的投资环境，激发民间资本的投资活力。同时，加大鼓励民间投资的政策支持力度，降低融资成本、拓宽融资渠道，推动建设全国统一大市场，克服民间投资面临的市场准入障碍、融资成本高、融资信息获取难等问题，最大限度地调动民间资本的投资活力。

第二章
以科技创新引领新质生产力发展

2023 年 12 月召开的中央经济工作会议提出，"要以科技创新推动产业创新，特别是以颠覆性技术和前沿技术催生新产业、新模式、新动能，发展新质生产力"。2024 年 12 月召开的中央经济工作会议再次强调，"以科技创新引领新质生产力发展，建设现代化产业体系"。2025 年的《政府工作报告》对全年经济社会发展重点任务进行了系统部署，特别指出要因地制宜发展新质生产力，推动科技创新和产业创新融合发展。这些重要论述和任务部署，为以科技创新引领新质生产力发展提供了行动指南和根本遵循。

一、科技创新引领新质生产力：作用机理与基本路径

新质生产力是具有高科技、高效能、高质量特征的生产力，是一种摆脱传统经济增长方式、生产力发展路径的生产力。科技创新能够催生新产业、新模式、新动能，是发展新质生产力的核心要素。科技创新对生产力的核心要素和生产关系的制度结构都带来了重大影响。以科技创新引领新质生产力发展，首先要厘清其理论逻辑和基本路径。

（一）科技创新是发展新质生产力的核心要素

新质生产力由技术革命性突破、生产要素创新性配置和产业深度转型升级而催生，是当代先进生产力的质态。其本质是科技创新与产业变革深度融合，推动传统生产力向更高效、更智能、更可持续的方向跃升。新质生产力在传统生产力基础上，融入生态、数据等新要素，强调内涵式增长而非外延式扩张，体现科技作为第一生产力的深化。

科技创新被视为发展新质生产力的核心要素，主要在于科技创新对生产力的核心要素和生产关系的制度结构带来重大影响，突出表现在以下几方面。

第一，科技创新重构了生产力的核心要素。新质生产力是马克思主义生产力理论在新时代的创新发展，强调科技创新对劳动者、劳动资料和劳动对象的系统性重构。劳动者通过技能升级与知识迭代实现向更高素质的转型，从传统体力劳动者向知识型、技能型人才转型；劳动资料在科技创新支撑下变得更加智能化，如人工智能、工业互联

网，在更大程度上提升生产效率；劳动对象从传统有形资源向有形资源和无形数据资源、新能源等方面拓展，科技创新充分拓展了资源的利用边界，也使得过去不被视为有用品的资源变成可以参与生产的经济物品。劳动者、劳动资料、劳动对象及其优化组合的跃升，构成新质生产力的基本内涵。

第二，科技创新是驱动产业链和价值链升级的重要支撑。科技创新特别是颠覆式技术创新，可以直接催生新兴产业，也可以改变传统产业的运行逻辑。如经济学家熊彼特提出的那样，在缺乏科技创新的静态循环经济中，生产过程仅以相同形式循环往复，所有生产要素的投入与产出完全匹配，也没有剩余价值或利润产生。[①] 科技创新所带来的，恰恰是熊彼特意义上的"创造性破坏"，它打破了原有产业的均衡状态，也改变了原有产业价值链的分布和形态，而创新带来的利润回报，又是激发市场活力的重要缘由。科技创新有助于打破"循环流转"的经济形态，形成"技术突破—产业创新—经济跃升"的闭环。

第三，科技创新也要求对生产关系进行优化和重塑。科技创新推动社会生产组织方式、资源分配规则及协作形态发生系统性变革。一是科技创新重构生产要素所有制生态。科技创新催生了数据、算法等新型生产要素，其所有权和控制权与过去的生产要素产权结构不同。传统要素的所有权一般优于使用权，但数据等要素，由于其共享性、开放性的特点，使得其使用权可能要优先于所有权，如何协调数据要素的产权结构已经成为生产关系变革的核心议题。二是科技创新重塑了劳动者地位及协作关系。智能化技术推动劳动者从

---

① 关于静态循环流转状态的经济运行，参见［美］约瑟夫·熊彼特：《经济发展理论》，何畏、易家详等译，商务印书馆 2011 年版，第 5—65 页。

体力劳动向知识决策者转型，人机协同成为主流生产模式。而产业链数字化协同则开始重构企业间的竞合关系。三是科技创新条件下的收入分配机制要能够识别并体现创新要素的市场贡献。现实中，数据要素参与价值分配，引发收入结算形式、收入基本构成等重大结构性变革。

（二）科技创新引领新质生产力发展的理论逻辑

习近平总书记指出，新质生产力"以全要素生产率大幅提升为核心标志"[①]，这意味着在要素数量不变的情况下，经济发展仍然可以依靠提升全要素生产率得到保障。要素技术效率、资源配置效率和制度运行效率，是要素数量之外影响经济发展的关键变量，也是提升全要素生产率的题中应有之义。科技创新引领新质生产力发展，充分体现在其对要素技术效率、资源配置效率和制度运行效率的重大影响。

第一，科技创新提升要素技术效率。要素技术效率，指在现有技术条件下，生产要素投入转化为产出的效率。科技创新对要素技术效率的提升，体现在传统生产要素在新技术支撑下会出现效率的跃升，同样的传统要素也可以因此表现出更高的技术效率。科技创新还能够催生新的生产技术和工艺，显著提升劳动和资本的技术效率和边际产出。

第二，科技创新提升资源配置效率。科技创新对资源配置效率的提升，体现在其重构资源组合和配置的方式，如颠覆性技术突破传统要素的组合方式。数据、算法等新型要素在很多领域已经超过土地、资本等传统要素的占比。特别是各类平台为特征的科技创新生态，进

[①] 习近平：《发展新质生产力是推动高质量发展的内在要求和重要着力点》，《求是》2024年第11期。

一步放大了科技创新对资源配置效率的提升作用，如高能级科创平台可以整合产业链上下游资源，研发协同平台可以优化资源配置、压缩技术转化周期。跨国商务和数据平台，使得国际贸易和技术合作效率大幅提升。

第三，科技创新提升制度运行效率。科技创新可以促进制度创新，显著提升制度运行效率。数据可以协助优化政策的决策过程，大数据分析可以实时捕捉企业创新需求，有助于实现政策资源的个性化支持，政策可以更好引导资源向高附加值领域聚集。数字技术也重塑了制度运行机制，人工智能技术在行政机构中的运用，不仅重构了许多审批流程，也大幅提升了监管效能。制度运行效率的提升，是发展新质生产力的重要支撑。

（三）科技创新引领新质生产力发展的基本路径

2025 年 3 月 5 日，习近平总书记参加十四届全国人大三次会议江苏代表团审议时明确指出，"科技创新和产业创新，是发展新质生产力的基本路径"①。这一重大论断表明，新质生产力发展的基本实施路径，既需要前沿科技创新的引领力，也依赖产业创新和产业转化机制的支撑力。

科技创新带动产业创新、科技创新与产业创新深度融合，本质上是通过科技重大突破与产业生态重构的协同，实现全要素生产率的跃升，最终形成"技术革命性突破—生产要素创新性配置—产业深度转型升级"的新质生产力发展范式。从其辩证关系来看，科技创新是新质生产力的技术基础，通过重构生产要素体系、打破传统生产函数边

---

① 《经济大省要挑大梁为全国发展大局作贡献》，《人民日报》2025 年 3 月 6 日。

界，改变着生产力的培育形式。产业创新则是新质生产力的物质载体，产业创新作为新质生产力的物质载体，体现了科技创新成果向现实生产力转化的核心路径。前沿技术的颠覆性创新通过产业化形成新一代信息技术、生物制造等战略性新兴产业，这些产业本身即构成新质生产力的物质表现形态。只有科技和产业创新深度融合，才能真正形成新质生产力。

二、科技创新：构建有助于科技成果形成与转化的体制机制

习近平总书记要求，"抓科技创新，要着眼建设现代化产业体系，坚持教育、科技、人才一起抓，既多出科技成果，又把科技成果转化为实实在在的生产力"①。这一重要论述意味着，抓好科技创新工作，既要保证科技成果不断涌现，又要注重加强科技成果的现实转化。当前，我国的科技成果创新面临着基础研究弱、市场转化难以及外部环境支持不足等多方面问题，需要进一步优化政策环境，构建有助于科技创新及成果转化的体制机制。

（一）我国科技成果创新面临的主要问题

1. 基础研究仍然相对薄弱

我国基础科学的研究短板仍旧显著。2024 年我国研发经费投入超 3.6 万亿元②，尽管经费总量位居世界第二，但我国基础研究经费支

---

① 《经济大省要挑大梁为全国发展大局作贡献》，《人民日报》2025 年 3 月 6 日。
② 参见《去年研发经费投入超 3.6 万亿元》，《人民日报》2025 年 1 月 24 日。

出占研发经费的比重约为 6.9%，与世界科技强国相比仍存在不小差距，世界主要创新型国家基础研究投入占全部研发经费投入的比重保持在 15% 至 20% 之间①。当前越来越依靠基础研究引致的创新，这一情形使我国的重大原创性成果仍然稀缺，底层基础技术以及基础工艺能力还需进一步提升。在工业母机、高端芯片、基础软硬件等关键领域，瓶颈问题依旧突出，关键核心技术受限于人的状况尚未得到根本性扭转。

2. 企业的创新动力和能力有待提升

过去，依赖规模扩张和模仿创新的企业较多，原始科技创新的动力和能力较弱，基础研究的投入总体也相对较少。我国的高新技术企业，虽从 2012 年的 3.9 万家增至 2024 年的 46.3 万家②，但"从 0 到 1"的原始创新能力仍然有待提升。由于面临高质量基础研究要素供给不足、基础研发投入比例低、人才储备不足、吸收能力弱、政策工具少且力度小、校企技术探索沟通合作少以及社会资本参与不足等挑战，多数企业参与基础研究的深度和广度有限，基础前沿和原始创新成果不足，企业的创新动力和能力有待提升。③

3. 鼓励高不确定性技术创新的体制机制尚待完善

科技创新活动蕴含着极大的不确定性。从技术层面来看，与过去的技术追赶阶段相比，当前关键技术的开发难度变得更高。从合作机制来看，分散的社会知识如何更好地进行社会化利用，是科技创新面临的难题，需要形成有助于知识分工的分工体系。从外部因素来看，

---

① 参见《加大基础研究经费投入》，《经济日报》2024 年 8 月 23 日。

② 参见中华人民共和国科学技术部：《文字实录》，2023 年 2 月 24 日；《制造业规模连续 15 年全球第一》，《人民日报》2025 年 1 月 22 日。

③ 参见《推动企业成为基础研究重要主体》，《经济日报》2023 年 4 月 11 日。

金融支持创新出现结构性错配。创业投资在投早、投小、投长、投硬科技方面的功能未能切实发挥，"耐心资本"占比较低，长期资本供给不足，创投机构对培育早中期、初创期企业缺乏足够耐心。相比之下，美国创投基金存续期通常在 10 年至 12 年，而我国一般要求 3 年至 5 年就退出。[①] 从管理体制来看，现有的科技管理体制尚无法完全契合建设科技强国的制度需求，科技体制改革的诸多重大决策在落实过程中还需进一步形成强大合力，全社会鼓励创新、包容创新的机制和环境仍有待进一步优化。

（二）我国科技成果转化存在的现实困境

我国的科技成果总量多但转化率不高，科学技术与科技成果转化之间存在鸿沟，科技应用的"死亡之谷"现象长期存在。

1. 科技成果转化率低，不同主体成果转换能力存在差异

专利产业化是将创新成果转化为新质生产力的重要过程。我国科技成果转化率近年来保持稳步提升的态势，但与不断增加的科研经费、科技人员和科技成果数量相比，科技成果转化率总体来看仍然偏低。2024 年的调查数据显示，我国企业发明专利产业化率为 53.3%，较上年（51.3%）提高了 2.0 个百分点，连续 5 年保持增长。[②] 但现阶段，我国高校院所是最主要的专利申请主体，其科技成果转化率偏低。数据显示，2022 年，我国高校发明专利产业化率仅为 3.9%。[③] 高校院所普遍存在"重论文、轻转化"和"重研发、轻应用"现象，

---

① 参见彭晓钊：《从"独角兽之问"看创投市场资本"耐心"不足难题》，国家高端智库综合开发研究院 2024 年 6 月 15 日。

② 参见国家知识产权局：《2024 年中国专利调查报告》，2025 年 1 月 22 日。

③ 参见《我国有效发明专利产业化率为 36.7%》，《人民日报》2023 年 1 月 27 日。

科研人员面向产业发展和企业需求开展研究的激励机制匮乏。科研人员职务成果面临"不愿转""不敢转"等一系列问题。

在产学研融通创新体系中,企业的主导作用未能充分彰显。我国科技领军企业在牵头和参与创新组织建设方面存在明显不足,在国家战略科技力量中,科技领军企业所发挥的作用需进一步强化。与此同时,部分新型研发机构与地方企业、行业的融合程度不够深入,导致研发成果难以匹配市场需求。此外,一些新型研发机构在人才招引培育、激励等方面依然存在制度性障碍。

2. 成果转化激励的制度设计和运行机制尚需完善

当前,为推动科技创新,政策上开始探索赋予科研人员成果所有权或长期使用权等激励试点,这在一定程度上激发了科研人员积极性,但政策实施也面临现实困境。一方面,科技成果管理制度与事业单位国资管理制度在评估定价、利益分配等方面存在冲突,致使成果评估定价困难。一些高校在进行科技成果转化时,因两种制度的矛盾,在确定成果价格环节耗费大量时间与精力,延误转化时机。另一方面,给予科研人员更大自主权的政策初衷,在于试图弱化国有资产管理约束,但仍然未消除高校与科研机构及其负责人面临的国有资产流失等责任风险,导致单位落实科技成果转化主体责任的积极性不高。现实调研中,部分高校和科研机构负责人表示,在成果转化过程中,因担心国有资产流失责任问题,对一些转化项目持谨慎态度。

3. 转化平台和中介服务能力弱,要素保障存在薄弱环节

一方面,与科技成果高效转化需求相比,当前成果转化载体平台和中介服务能力存在不足。概念验证平台建设起步晚,整体处于初期探索阶段。中试平台建设面临资金、专业人才缺乏以及管理和运营机制不完善等问题,陷入"建成不好用、好用的建不起"困局。科技服

务机构众多，但专业化、社会化的"大而强"的技术转移机构很少，载体平台资源整合能力不强，无法为高校院所和创业者提供足够专业的指导和帮助。

另一方面，推动成果转化的资金与人才等要素保障仍然存在较多薄弱环节。从资金来看，政府科技支出占比普遍不高，资金投入与需求比相对不足。《2023 年全国科技经费投入统计公报》[①] 显示，国家财政科学技术支出虽有增长，但占比仍不高，与成果转化实际需求相比缺口较大。社会资本因科技成果转化的不确定性和较大风险，投资早中期项目动力不足，科研主体的科研经费又难以投入成果转化环节。从人才来看，政府部门也缺少专业化人才队伍，科技管理部门人员难以全面掌握科技前沿、市场需求、资本运营等专业知识，社会技术转化人才团队稀缺，成果转化人才培养机制缺失。

（三）促进科技成果形成与转化的政策出路

1. 围绕创新导向优化教育、科技和人才工作体系

针对高校科技成果转化不足问题，需要改革教育和人才培育体系。推动教育模式创新，特别是要优化高等教育专业设置，紧密对接科技发展需求，并加强跨学科教育，培养复合型人才。要大力发展职业教育，深化产教融合，为科技产业提供高素质专业技术人才。同时，需要营造良好人才发展环境，形成"引得来、用得好、留得住"的人才政策体系。进一步完善人才评价机制，更多体现人才的实际创新成果和贡献。

构建协同机制，促进教育、科技、人才深度融合。鼓励高校、科

---

① 国家统计局、科学技术部、财政部：《2023 年全国科技经费投入统计公报》，2024 年 10 月 2 日。

研机构与企业开展联合培养人才项目，企业提出人才需求，高校和科研机构针对性进行培养。企业为高校提供研发资金和实践场景，形成教育培养人才、人才支撑科技、科技助力教育的良性循环。

2. 完善更好支持基础研究的投入协同机制

基础研究具有公共产品属性，同时又具有较强的社会效应。为此，政府与企业应共同发力，加大对基础研究的资金投入力度。政府可通过设立专项科研基金、提供科研补贴等方式，引导企业积极参与基础研究。与此同时，鼓励高校院所与企业开展深度合作，促进基础研究成果向实际应用的转化。在保障基础投入的前提下，加强企业主导的产学研深度融合。鼓励企业牵头联合高校、科研机构组建创新联合体，围绕产业关键核心技术开展协同攻关。引导高校、科研机构的科研方向与企业需求紧密结合，建立企业需求定期发布机制，促使高校、科研机构根据需求开展研究，提高成果转化针对性。

3. 构建同科技创新相适应的科技金融体制

健全资本市场服务科技创新功能，鼓励并规范天使投资、风险投资、私募股权投资的发展，鼓励证券交易所设立专门针对科技创新企业的板块，降低上市门槛，如放宽企业盈利要求，重点考核企业研发投入、创新成果等指标。同时，要更好发挥政府投资基金作用，政府出资设立规模较大的科技成果转化基金，引导社会资本投入，对符合国家战略方向的科技成果转化项目进行重点支持，推动科技成果加速转化为现实生产力。

4. 优化科技成果管理制度和成果转化机制

在深化职务科技成果管理改革方面，要进一步赋予科技人员在科技成果转化收益分配上更大的自主权，构建职务科技成果资产单列管理制度，对职务科技成果进行单独管理，避免与其他资产混淆，便于成果转化操作。深入推进职务科技成果赋权改革，以此激发科研人员的积极性。

在深化科技成果转化机制改革方面，适时修订相关法律法规，明确科技成果处置权、收益权归属。赋予高校科研院所更大自主权，对其持有的科技成果，允许在符合一定条件下进行自主决定转让、许可或作价投资等处置方式，成果转化的商业收益按较高比例归科研团队所有。

三、产业创新：统筹好培育新动能和更新旧动能的关系

习近平总书记要求，"抓产业创新，要守牢实体经济这个根基，坚持推动传统产业改造升级和开辟战略性新兴产业、未来产业新赛道并重"①。这一重要论述意味着，无论是传统产业还是新兴产业，都蕴含着新质生产力的发展潜力，在发展新质生产力的过程中，要统筹好培育新动能和更新旧动能之间的关系。

（一）准确认识新质生产力与产业体系的辩证关系

1.新质生产力与产业创新关系的一个认识误区

产业创新作为发展新质生产力的路径，在实际工作中面临着一个认识误区。在发展新质生产力的过程中，有的地方人为对产业进行"新质"与"传统"的划分，试图区别开哪些是传统生产力的产业、哪些是新质生产力的产业，从而在政策上进行区别对待。这种认识上

---

① 《经济大省要挑大梁为全国发展大局作贡献》，《人民日报》2025 年 3 月 6 日。

的误区，容易对推动具体工作的思路产生消极影响，使得在行动上出现一定偏差。

事实上，并非只有"高大上"的产业才有新质生产力，新质生产力与既有、未来产业都密不可分。它既可以通过对传统产业的改造升级而出现，也可以随新兴产业的培育壮大而涌现。新质生产力与产业体系之间是辩证统一的关系，任何产业都无法脱离新质生产力的赋能而实现可持续增长。正因为如此，习近平总书记特别强调："发展新质生产力不是忽视、放弃传统产业，要防止一哄而上、泡沫化，也不要搞一种模式。"[①]

2. 辩证看待新质生产力与产业体系的关系

从理论层面来看，新质生产力通过技术突破、模式创新和组织变革，以及催生的新产业、新模式，都对既有产业体系产生深刻影响，促使其进行适应性调整和结构性优化。例如，人工智能的快速发展推动了智能制造、智慧城市等新业态的涌现，同时也倒逼传统制造业和服务业进行数字化转型，以适应新的市场需求和竞争格局。

从现实层面来看，各类产业都需要而且都可以通过新质生产力的注入保持竞争力。以农业为例，传统农业依赖于土地和劳动密集型投入，生产效率相对较低。而通过引入数字技术和智能化管理系统，可以实现农作物品质的提升、资源利用率的提高和生产成本的降低。这不仅能够保障粮食安全，还能推动农业向更加高效、绿色和可持续的方向发展。在制造业领域，数字化、网络化、智能化的技术应用正在深刻改变生产方式。通过建立智能工厂，实现生产过程的自动化、柔性化和智能化，可以显著提高生产效率和产品质量，缩短产品研发周

[①]《习近平在参加江苏代表团审议时强调　因地制宜发展新质生产力》，《人民日报》2024 年 3 月 6 日。

期，增强企业的市场竞争力。服务业同样需要新质生产力的赋能。随着信息技术的普及和消费者需求的日益多样化，传统服务业正面临着巨大的挑战。通过引入大数据分析、人工智能、云计算等技术，可以实现服务流程的优化、服务内容的个性化和服务体验的提升。例如，在线教育、远程医疗等新兴服务模式的出现，不仅打破了时间和空间的限制，也为人们提供了更加便捷、高效和个性化的服务选择。

当然，新质生产力并非对所有产业都意味着"颠覆性"的变革。对于一些高度依赖传统要素投入的产业，新质生产力的应用可能更多地体现在优化流程、提高效率等方面。然而，即使是这些看似"传统"的产业，也需要不断探索新技术的应用，以应对日益激烈的市场竞争。

总之，新质生产力与产业体系之间是相互依存、相互促进的辩证关系。新质生产力是产业体系升级发展的根本动力，而产业体系的不断发展也为新质生产力的孕育和应用提供了广阔的舞台。各类产业都需要积极拥抱新质生产力，通过科技创新和模式创新，以在激烈的市场竞争中立于不败之地。

（二）因地制宜推动产业创新和发展新质生产力

推动实现高质量发展，各地政府都肩负着因地制宜发展新质生产力、推动产业创新的重要使命。然而，各地禀赋不同，产业基础各异，如何避免盲目跟风、简单复制，真正做到"因地制宜"，成为摆在地方政府面前的一个重要课题。

1.围绕产业创新积极推动政府职能转变

要做到因地制宜发展新质生产力，地方政府首先要深刻理解自身在产业创新中的职能定位。政府并非企业，不应直接参与市场竞争，更不能直接认定并支持新质生产力发展的特定技术路线。新质生产力的一个重要特点，就是技术路线的高度不确定性。过去，我国处于追赶发展阶段，很多产业的技术路线也相对比较成熟，政府可以更好集中力量发挥体制优势，有效支持产业规模做大。在发展新质生产力的过程中，面对技术路线的不确定性，政府更要扮演好"服务者"和"引导者"的角色。

具体而言，政府应致力于完善基础设施、构建制度环境和强化产业创新的要素支撑等领域。一是政府应加强基础设施建设，完善产业配套，为企业提供良好的发展平台。更重要的是，各级政府应发挥其信息优势，引导企业了解国家战略方向，把握市场机遇，避免资源错配和重复建设。二是构建有利于创新的制度环境，减少行政审批，优化营商环境，为企业创新松绑。对于科研院所集中的地区，政府则应搭建科研成果转化平台，促进产学研深度融合，将科研优势转化为产业优势。三是强化产业创新的要素支撑。加强人才引进和培养，为产业创新提供更有效的智力支持。通过设立人才基金等方式，吸引高层次人才落户，并鼓励本地高校和职业院校培养符合产业发展需求的应用型人才。

2. 规范产业创新中的"内卷式"政府竞争行为

产业创新离不开各级政府对产业结构升级的引导，但应规范招商引资竞争行为，避免恶性竞争，营造公平公正的市场环境。长期以来，部分地方政府为了追求短期经济效益，不惜采取"零地价""税收减免"等手段吸引投资，导致资源错配和恶性竞争。这种"跑马圈地"式的招商引资不仅损害了其他地区的利益，也不利于本地产业的健康发展。因此，规范招商引资行为，是地方政府推动产业创新、培育新质生产力的重要前提。在招商引资过程中，要严格将地方政府的行为限制在国家法律法规范围内，避免过度优惠和恶性竞争，形成维护市场公平竞争的环境。此外，政府还应加强区域合作，共同制定招商引资政策，避免区域间的产业恶性竞争，实现资源共享和优势互补。

3.激发保护企业家精神是发展新质生产力的关键

技术路线越是高度不确定，就越需要来自市场的判断。更准确地说，越需要来自企业家对产业未来发展趋势的判断。企业家是市场经济中最活跃的因素，也是推动产业创新、培育新质生产力的重要力量。

激发保护企业家精神，既要制度保障，也要营造氛围。一是高度重视和尊重企业家的首创精神，保护企业的知识产权，鼓励企业加大研发投入，勇于探索新技术、新产品、新模式。二是政府应充分听取企业家的意见和建议，注重倾听市场声音①，了解企业在发展过程中遇到的困难和问题，并及时提供帮助和支持。三是政府要营造尊重企业家、鼓励创新的社会氛围，树立一批优秀的创业典型，激励更多的人投身创新创业。部分地方已经设立"企业家日"，以表彰在产业创新方面做出突出贡献的企业家，并在政策上给予倾斜，此举为激发保护企业家精神提供了激励。

（三）统筹好培育新动能和更新旧动能的关系

1.新动能与旧动能的演化逻辑

发展新质生产力要辩证地处理好培育新动能与更新旧动能的关系。两者并非彼此对立，而是相互依存、相互促进的有机整体，其逻

---

① 2025年《政府工作报告》特别强调，要注重倾听市场声音，协同推进政策实施和预期引导，塑造积极的社会预期。

辑关系在于新动能的涌现需要以旧动能为基础，旧动能的升级又能为新动能的成长提供支撑。

新动能与旧动能之间存在着递进演化关系。旧动能是经济发展的基础，为新动能的孕育提供资金、技术、人才等资源。一方面，传统制造业积累的经验和技术可以为新兴产业的研发提供借鉴，传统产业的资金积累可以为新兴产业的早期投入提供支持。另一方面，新动能涌现可以倒逼旧动能的转型升级。新兴产业的崛起会带来新的市场需求和竞争压力，促使传统产业不断创新，提高生产效率，优化产品结构。

2. 推动传统产业改造升级

推动传统产业改造升级是发展新质生产力的重要组成部分。传统产业是国民经济的支柱，蕴含着巨大的发展潜力。面对新兴技术的冲击和市场需求的转变，亟须改造升级以焕发新的活力。改造升级的关键在于应用新一代信息技术、人工智能、大数据等技术，提升传统产业的智能化、绿色化、数字化水平。

推动传统产业改造升级，要抓住技术进步这个核心、降低企业转型成本。一方面，传统产业升级的核心在于技术进步。政府应加大技术创新扶持力度，鼓励产学研深度融合，重点支持传统企业与科研院所、高校合作，开展关键核心技术攻关，解决制约产业和企业发展的"卡脖子"难题。积极引导科研成果的商业化应用，搭建技术交易平台，促进科技成果向生产力转化，并为企业提供知识产权保护方面的支持。另一方面，要通过优化营商环境，降低企业转型成本，鼓励数字化转型。传统企业普遍面临运营成本高、效率低等问题。政府应进一步深化"放管服"改革，简化行政审批流程，降低税费负担，鼓励传统企业拥抱数字化技术，为企业数字化改造提供技术培训等各方面支持。

3.发展壮大战略性新兴产业

发展壮大战略性新兴产业是培育新动能的核心任务。战略性新兴产业是引领未来经济发展方向的关键力量，具有技术含量高、成长性好、带动性强的特点。发展壮大战略性新兴产业需要在加强技术攻关、突破关键核心技术的基础上，进一步打造产业集群，培育龙头企业，完善产业链配套。

具体来说，一是要打造优势产业集群。为形成集群发展态势，政府可以通过以产业链招商的方式，吸引国内外企业入驻，形成集研发、生产、销售于一体的完整产业生态。同时，鼓励集群内企业加强协作，实现优势互补，提升整体竞争力。二是要培育龙头企业。应加大对具有创新能力和市场潜力企业的政策支持力度，鼓励其开展技术创新和市场拓展。可以通过提供资金支持、人才引进等政策，帮助其快速成长壮大。同时，鼓励龙头企业兼并重组，提升产业集中度，增强国际竞争力。三是要完善产业链配套。战略性新兴产业的发展离不开完善的产业链配套。政府应引导资金、技术、人才等要素向产业链上下游企业流动，鼓励企业加强合作，形成稳定的供应链体系。此外，也需要通过培育专业化的服务机构，为企业提供融资、咨询、技术支持等服务，提升产业链整体效率。

4.超前布局谋划未来产业

超前布局未来产业新赛道是提升国家竞争力、赢得未来竞争优势的关键。未来产业代表着科技发展的最前沿，具有颠覆性、创新性和战略性的特点。超前布局未来产业，必须通过前瞻性的政策引导，主动塑造未来产业格局。

一是设立并用好政府未来产业发展基金，强化战略性投资引导。以财政资金吸引更多社会资本参与，重点投资于新兴技术研发、产业链创新和创新生态体系培育等领域。投资方向应聚焦于具有前沿重大影响的人工智能、量子信息、生物技术、空天科技等前沿领域。对此类基金，应遵循市场规律，避免行政干预，通过专业化的投资管理团队，确保资金使用效率和投资回报率，同时也应允许更高比例的失败。

二是要建立未来产业技术预见、评估与投入机制，精准识别发展方向。要建立一套科学、系统的技术预见与评估机制，定期发布未来产业发展趋势报告，动态反映技术发展趋势，为政府决策提供科学依据，引导企业和社会资本合理配置资源。

三是要构建包容审慎的监管环境，鼓励创新试错。未来产业的发展必然伴随着新的风险和挑战，需要建立一套适应创新特点的监管体系。要避免"一刀切"式的监管，采取包容审慎的态度，允许创新试错。政府要为新技术、新模式提供公共试验平台，在可控的范围内探索监管创新，及时发现并解决潜在问题，为未来产业的健康发展保驾护航。

四、融合对接：健全科技创新和产业创新融合的体制机制

习近平总书记要求，"抓科技创新和产业创新融合，要搭建平台、健全体制机制，强化企业创新主体地位，让创新链和产业链无缝对接"[①]。这一重要论述意味着，科技创新要以产业创新为导向，产业创新要以科技创新为动力。近年来，我国科技创新能力显著提升，但与

---

① 《经济大省要挑大梁为全国发展大局作贡献》，《人民日报》2025年3月6日。

产业需求的深度融合仍存在诸多挑战，需要健全科技创新和产业创新融合的体制机制，进一步打通科技成果转化"最后一公里"。

（一）搭建高水平科技创新和产业创新融合平台

科技成果与产业需求的有效对接是科技创新与产业创新融合的基础。目前，由于信息不对称、信任缺失、转化成本高等因素，大量科研成果难以转化为实际生产力。搭建高水平科技创新和产业创新融合平台，需要各级政府、社会各界通力合作。

1.国家层面：建设广覆盖的国家级科技成果转化中心

政府应加强对创新基础设施的建设，包括建设高水平的实验室、公共技术服务平台等，为企业提供必要的研发条件。特别是，要以国家战略需求为导向，依托优势科研院所和高校，建设若干覆盖范围较广的国家级科技成果转化中心。这些中心应具备强大的技术评估能力、专业的知识产权运营能力以及广泛的行业资源。其主要功能包括：对科研成果进行价值评估、知识产权布局与管理、技术中试与验证、市场推广与对接、投融资服务等。国家通过政策支持，吸引高水平人才加入，确保其可持续运营。

2.地方层面：鼓励地方建设区域性科技成果转化平台

对地方政府来说，各省市可根据自身产业特色优势和科技领域的比较优势，建设区域性科技成果转化平台。这些平台应与国家级转化中心形成联动，承接国家级转化中心溢出的成果，服务地方产业发展需求。同时，地方政府应积极引导企业、高校、科研院所参与平台建设，形成多元化的运营模式。

3.社会层面：推动行业协会和龙头企业建设专业转化平台

行业协会和龙头企业对产业发展趋势和技术需求具有敏锐的感知

力。鼓励其建设面向特定行业的专业性科技成果转化平台，能够更加精准地匹配供需双方的需求，提高转化效率。政府可提供必要的资金支持和政策引导，鼓励其开放共享自身的技术资源和市场渠道。

（二）健全体制机制以优化科技创新生态环境

科技创新与产业创新融合需要良好的体制机制保障。当前，从科技到产业，涉及商业化运作中的利益分配难题，科研成果产权归属不明晰、利益分配机制不合理、科技人员激励不足等问题，会阻碍科技创新向产业创新的转化。

1.完善科技成果转化收益分配机制

收益分配的前提是产权明晰，要明确科研成果的产权归属，特别是对于利用财政资金支持形成的科研成果，在保障国家利益的前提下，应更大范围允许科研单位和科研人员自主决定成果的转化方式和收益分配。同时，要建立以知识价值为导向的收益分配机制，充分尊重科研人员的知识产权，让科研人员能够从科技成果转化中获得合理的经济回报。可采取股权激励、期权激励、现金奖励等多种方式，激励科研人员积极参与科技成果转化。

2.改革科研项目管理和运行制度

建立以信任为基础的科研项目管理模式，减少对科研过程的检查和评估，鼓励科研人员大胆探索，勇于创新。简化科研项目申报流程，减少行政干预，赋予科研人员更大的自主权。要加强知识产权保护，严厉打击侵犯知识产权的行为，提高违法成本，保护创新者的合法权益。建立健全知识产权快速维权机制，为科技成果转化提供有力的法律保障。建立产学研合作的利益共享机制，促进资源共享和优势互补。

（三）强化企业创新主体地位以激发企业创新活力

企业是科技创新和产业创新的主体，也是科技成果产业化的核心载体。只有充分发挥好企业在科技创新中的主体作用，才能真正实现科技创新与产业创新的深度融合。

1.完善对微观企业的创新激励机制

企业创新投入不足，往往受制于短期利润压力以及对未来回报的不确定性。因此，政府应完善创新激励机制，从多维度激发企业内生动力。一是大幅提升研发费用加计扣除比例，尤其是针对中小企业和战略性新兴产业，进一步降低创新成本，鼓励企业加大研发投入。二是探索建立风险补偿机制，鼓励企业进行高风险、高回报的创新项目。政府可以通过设立专项基金，为企业提供风险担保或承担部分损失，减轻企业后顾之忧。三是要进一步完善人才激励制度，鼓励企业吸引和留住高端人才，营造有利于创新人才成长的良好环境。唯有通过综合性的激励政策，才能真正激发企业的创新热情，推动企业成为创新投入、创新活动和创新收益的主体。

2.优化竞争秩序，促进要素自由流动

优化企业的市场竞争秩序和竞争环境，促进各类要素充分自由流动，是企业进行科技成果转化的保障。为此，首先，要打破部门和地域壁垒，减少地方保护主义和行业垄断，推动资源跨区域、跨行业流动，形成规则制度清晰的全国统一大市场。其次，要规范不正当竞争行为，维护市场秩序。应加强反垄断和反不正当竞争执法力度，严厉打击侵犯知识产权、虚假宣传等行为，营造公平透明的竞争环境，鼓励企业创新，真正发挥市场优胜劣汰作用。最后，要推进要素价格市场化。应加快推进土地、劳动力、资本、技术、数据等要素市场化改

革，完善市场定价机制，让价格充分反映供需关系，引导企业将创新资源向更有效率的领域配置。

3. 构建更兼容创新的企业管理体制

企业创新能力的提升不仅取决于外部环境，也取决于内部管理体制的完善。一方面，应鼓励企业建立完善的创新管理体系，加强企业创新文化建设，明确创新目标、组织结构和激励机制，鼓励创新思维、容错机制建立和团队合作，营造有利于创新的内部氛围。鼓励企业开展技术创新、管理创新和商业模式创新，不断提升企业的竞争力。另一方面，政府也要加强对企业创新活动的行为过程监管，防止企业弄虚作假、骗取资金等行为。政府可以建立健全企业创新信用体系，对违规行为进行惩处，维护公平竞争的市场环境。此外，要加强对新时代企业家的培养，提升企业家的创新意识和管理能力，引导企业家从"套利"更多转向"创新"，使其成为引领企业创新的重要力量。

第三章
推动标志性改革举措落地见效

2024 年中央经济工作会议提出要"发挥经济体制改革牵引作用，推动标志性改革举措落地见效"。2025 年全国"两会"更进一步明确要"推动标志性改革举措加快落地"，"扎实推进重点领域改革，着力破除制约发展的体制机制障碍，创造更加公平、更有活力的市场环境"。从"落地见效"到"加快落地"，体现了推动重点领域改革的重要性和紧迫性。

习近平总书记始终强调，全面深化改革要坚持系统思维、全局谋划，"必须在把情况搞清楚的基础上，统筹兼顾、综合平衡，突出重点、带动全局，有的时候要抓大放小、以大兼小，有的时候又要以小带大、小中见大，形象地说，就是要十个指头弹钢琴"①。当前，我国经济基础稳、优势多、韧性强、潜能大，长期向好的支撑条件和基本趋势没有变，但面临外部环境变化带来的不利影响加深、国内需求不足、部分企业生产经营困难、群众就业增收面临压力、风险隐患仍然较多的挑战。因此，科学理解把握标志性改革举措的内涵与外延，适应经济社会发展条件变化，扎实有效推动改革举措加快落地见效，更好推动高质量发展、构建新发展格局，是进一步全面深化改革、推进中国式现代化的必由之路。

一、推动标志性改革举措落地见效是进一步全面深化改革的必然要求

标志性改革举措作为进一步全面深化改革的有机构成，是具有全局性、战略性、突破性和示范性的关键改革行动，具有强烈系统杠杆性效应，能够以"小切口"撬动"大变革"。推动标志性改革举措落地见效是破解体制机制中"卡脖子"问题，形成制度创新关键环节，推动经济社会系统性重塑的"重要抓手"。

---

① 习近平：《论坚持全面深化改革》，中央文献出版社 2018 年版，第 85 页。

（一）推动标志性改革举措落地见效是因应社会主要矛盾变化的历史必然

生产力与生产关系、经济基础与上层建筑的矛盾是人类社会的基本矛盾，它们的运动发展构成了历史的基本规律。马克思指出："社会的物质生产力发展到一定阶段，便同它们一直在其中运动的现存生产关系或财产关系（这只是生产关系的法律用语）发生矛盾。于是这些关系便由生产力的发展形式变成生产力的桎梏。那时社会革命的时代就到来了。"[1] 改革就是对不适应生产力发展要求的生产关系（经济基础）和上层建筑的革命性改变。因此，改革必须以破解社会主要矛盾为中心任务。

推动标志性改革举措落地见效是适应社会矛盾运动的必然体现。当前，我国面临传统要素驱动模式（生产关系）与高质量发展需求（生产力）的深层矛盾，要求通过重点领域改革破除制度桎梏。党的十九大提出，中国特色社会主义进入新时代，我国社会主要矛盾已经转化为人民日益增长的美好生活需要和不平衡不充分的发展之间的矛盾。我国社会主要矛盾的变化是关系全局的历史性变化，主要体现在四个方面：一是发展内涵更加丰富。随着社会生产力水平显著提高，面对人民群众的美好生活需要和发展不平衡不充分的问题，需要大力提升发展质量和效益，更好满足人民日益增长的美好生活需要。二是供需结构失配。从总量上的供不应求转变为结构性的供求不平衡，主要表现为低端、低质量产品和服务供过于求，中高端、优质产品和服务供不应求。三是约束条件迭变。当前，我国劳动力成本逐步上升，资源

---

[1] 《马克思恩格斯全集》（第31卷），人民出版社1998年版，第412—413页。

环境承载能力达到了瓶颈，国际国内的循环体系深层次演进，经济社会循环畅通的压力提升。四是动力机制深刻变革。随着新技术革命的趋势越来越明确，以科技创新引领产业创新，实现经济社会结构变革，成为生产力发展的现实要求，是文明进步的核心特征。

解决新时代我国社会主要矛盾，关键在于以新发展理念为指导，进一步全面深化改革，以实现高质量发展推动中国式现代化进程。为此，必须以标志性改革举措落地见效，将高质量发展这一新时代硬道理落于实处，统筹好有效市场和有为政府的关系，形成既"放得活"又"管得住"的经济秩序；统筹好总供给和总需求的关系，畅通国民经济循环；统筹好培育新动能和更新旧动能的关系，因地制宜发展新质生产力；统筹好做优增量和盘活存量的关系，全面提高资源配置效率；统筹好提升质量和做大总量的关系，夯实中国式现代化的物质基础。具体说来，在微观上，要激活所有发展主体，推动多种经济成分共同发展，推动生产要素配置创新，不断提高全要素生产率；在宏观上，要统筹形成需求牵引供给、供给创造需求的更高水平动态平衡，实现国民经济良性循环；在结构上，要推动实现城乡融合、区域协调、国际国内一体化发展；在风险防控上，要以高质量发展促进高水平安全，以高水平安全保障高质量发展，实现高质量发展和高水平安全良性互动；在举措上，要解决制约高质量发展的卡点堵点问题，不断提高发展质量和效益，为经济社会发展增动力、添活力，更好满足人民对美好生活的向往。

因此，随着我国社会主要矛盾出现新变化，必须坚持重点突破与系统集成的辩证统一，以标志性改革举措落地见效推动进一步全面深化改革有效突破"深水区"，将制度优势转化为治理效能，为中国式现代化提供持久动力。

（二）推动标志性改革举措落地见效是进一步全面深化改革的"题眼"

党的十八届三中全会以来，全面深化改革的任务总体完成，经济社会发展取得巨大成就，各领域基础性制度框架基本建立，许多领域实现历史性变革、系统性重塑、整体性重构，为进一步全面深化改革奠定了坚实基础。党的二十届三中全会强调，新时代新征程推动进一步全面深化改革要注重系统集成，增强改革的系统性、整体性、协同性，处理好经济和社会、政府和市场、效率和公平、活力和秩序、发展和安全五个重大关系，协调影响改革推进的各方面、各层次、各要素，既不能单打独斗、单兵突进，也不能平均用力、搞"一刀切"，要紧盯实现改革目标的重大战略问题，抓住主要矛盾和矛盾的主要方面，聚焦重点领域和关键环节，做到上下贯通、左右协调，防止顾此失彼甚至相互掣肘，实现进一步全面深化改革的系统集成、协同高效。换言之，就是要以标志性改革举措落地见效推动实现改革的系统性效应。

进一步全面深化改革是一项复杂的系统工程，各方面关联度大、相关性高、协同性强，许多改革牵一发而动全身。为此，要立足当前、着眼长远、面向未来，紧扣国内国际两个大局、党和国家事业全局，做好顶层设计，强化总体构架，立足全局抓统筹、谋长远。同时，更要突出重点，聚焦重点领域和关键环节推进改革，集中抓好牵一发而动全身的标志性改革。以标志性改革举措的落地见效为"题眼"，突破推动进一步全面深化改革有效"破题"，带动改革整体推进。

二、以经济体制改革为牵引推动标志性改革举措落地见效

生产力和生产关系的矛盾运动形成了社会发展的根本动力，因应生产力发展需要，不断调适生产关系是社会不断进步的必由路径。习近平总书记指出，"新时代全面深化改革取得重大理论成果"，"不断深化对改革的规律性认识，形成关于全面深化改革的一系列新思想、新观点、新论断"，"强调必须坚持以经济体制改革为牵引"。①因此，进一步全面深化改革必须持续推动制度创新，确保生产关系更加完善，全面适应生产力的发展。尤其是要不断完善经济关系，推动基本经济制度、经济运行体制和机制等方面持续改革优化，坚持和落实"两个毫不动摇"，构建全国统一大市场，完善市场经济基础制度，并以此为牵引形成有利于推动高质量发展的体制机制，塑造发展新动能新优势。

（一）处理好政府和市场关系这个核心问题，构建高水平社会主义市场经济体制

更好发挥经济体制改革牵引作用，要坚持社会主义市场经济的改革方向，处理好政府和市场关系，充分发挥市场在资源配置中的决定性作用、更好发挥政府作用，构建高水平社会主义市场经济体制。

首先，要坚持和落实"两个毫不动摇"，为各种所有制经济发展提供公平公正的法治环境。坚持和完善社会主义基本经济制度，毫不动摇巩固和发展公有制经济，毫不动摇鼓励、支持、引导非公有制经

---

① 习近平：《进一步全面深化改革中的几个重大理论和实践问题》，《求是》2025年第2期。

济发展，推动形成发展新质生产力的主体结构，是实现高质量发展的首要前提。一是要持续推动国资国企改革的深化提升，完善管理监督体制机制，增强各有关管理部门的战略协同，推进国有经济布局优化和结构调整，推动国有资本和国有企业做强做优做大，增强核心功能，提升核心竞争力。特别是要明晰不同类型国有企业的不同业务、不同项目的功能定位，完善主责主业管理，推动国有资本向关系国家安全、国民经济命脉的重要行业和关键领域集中，向关系国计民生的公共服务、应急能力、公益性领域等集中，向前瞻性战略性新兴产业集中。要通过健全国有企业推进原始创新制度、建立国有企业履行战略使命评价制度、完善国有经济增加值核算制度、深化国有资本投资、运营公司改革等制度安排，形成持续性激励，推动国资国企高质量发展的效益不断提升，为中国式现代化提供更为坚实的物质和技术基础。二是以《中华人民共和国民营经济促进法》的颁布实施为保证，为民营企业高质量发展营造良好环境，提供更多的机会。特别是要持续深入地破除市场准入壁垒，推进基础设施竞争性领域向经营主体公平开放，完善民营企业参与国家重大项目建设长效机制。支持有能力的民营企业牵头承担国家重大技术攻关任务，向民营企业进一步开放国家重大科研基础设施，推动民营企业持续提升创新能力；要完善民营企业融资支持政策制度，破解融资难、融资贵问题，解决欠账等一些难题，切实解决民营企业的要素保障问题；加快建立民营企业信用状况综合评价体系，健全民营中小企业增信制度，推动民营企业完善治理结构和管理制度。三是要推动国有企业和民营企业有机融合，以提升产业链供应链韧性和安全性为目标，推动形成发展共同体，并不断完善中国特色现代企业制度，弘扬企业家精神，加快建设更多世界一流企业。

其次，要围绕高质量发展这个首要任务，健全体制机制，促进新质生产力因地制宜发展。一是要围绕发展以高技术、高效能、高质量为特征的生产力，提出加强新领域新赛道制度供给，建立未来产业投入增长机制，促进各类先进生产要素向发展新质生产力集聚；以国家标准提升引领，推动科技创新和产业创新融合发展，大力推进新型工业化，做大做强先进制造业，积极发展现代服务业，促进新动能积厚成势、传统动能焕新升级。特别是要优化体制机制，深入推进战略性新兴产业融合集群发展、先进制造业和现代服务业融合发展，实现新技术新产品新场景大规模应用，推动商业航天、低空经济、深海科技等新兴产业安全健康发展，生物制造、量子科技、具身智能、6G 等未来产业要深入实施制造业重大技术改造升级和大规模设备更新工程，加快制造业数字化转型，引领传统产业优化升级。二是要实施全国统一大市场建设指引，纵深推进全国统一大市场建设。特别是要加快建立健全基础制度规则，修订市场准入负面清单，加快建设统一开放的交通运输市场，破除地方保护和市场分割，打通市场准入退出、要素配置等方面制约经济循环的卡点堵点，综合整治"内卷式"竞争，为所有发展主体提供更为优良的营商环境和明确、稳定的发展预期。

最后，健全宏观经济治理体系，完善城乡、区域、国内外的融合协调发展格局。一是要完善国家战略规划体系和政策统筹协调机制，优化短期长期关系；统筹推进财税金融体制改革，优化央地关系；明晰金融机构定位和治理，健全投资和融资相协调的资本市场功能，完善金融监管体系，优化产业和金融关系。要准确把握"十五五"时期的阶段性要求，着眼强国建设、民族复兴伟业，科学制定和接续实施五年规划，紧紧围绕基本实现社会主义现代化这一目标，一个领域接一个领域合理确定目标任务、提出思路举措。对各方面的目标任务，要深入分析论证，确保科学精准、如期实现。要开展中央部门零基预算改革试点，支持地方深化零基预算改革，在支出标准、绩效评价等关键制度上积极创新；要增加地方自主财力，积极探索建立激励机制，促进地方在高质量发展中培育财源。要完善科技金融、绿色金融、普惠金融、养老金融、数字金融标准体系和基础制度，深化资本市场投融资综合改革，大力推动中长期资金入市，增强资本市场制度的包容性、适应性；基于创新链条风险特征、投资项目运营规律和基金生命周期，构建科学化、差异化、可量化的政府投资基金绩效评价和考核体系，健全尽职合规责任豁免机制，推动政府投资基金政策目标与市场实现途径激励相容；加强战略性力量储备和稳市机制建设，加快多层次债券市场发展。二是要完善城乡融合发展体制机制，统筹新型工业化、新型城镇化和乡村全面振兴，巩固和完善农村基本经营制度，完善强农惠农富农支持制度，深化土地制度改革，加快建设农业强国。三是推动完善区域协调发展体制机制和高水平对外开放体制机制，充分利用两个市场、两种资源。要构建优势互补的区域经济布局和国土空间体系，推动西部大开发形成新格局、东北全面振兴取得新突破、中部地区加快崛起、东部地区加快推进现代化，充分发挥京津冀、长三角、粤港澳大湾区、成渝地区双城经济圈等地区高质量发展动力源作用，实现长江经济带发展、黄河流域生态保护和高质量发展的贯通作用，为主体功能区和国土空间优化发展奠定坚实基础，提升区域一体化发展水平。同时，稳步扩大制度型开放，深化外贸体制改革，深化外商投资和对外投资管理体制改革，加强对企业"走出去"的服务，优化区域开放布局，推进高质量共建"一带一路"走深走实，同国际社会一道，积极维护多边主义，反对单边霸凌行径，形成保障高质量发展的空间新格局。

（二）强化科技创新在现代化建设全局中的核心地位，构建支持全面创新体制机制

进一步全面深化改革必须形成推动高质量发展的可持续创新状态，为中国式现代化提供不竭的发展动能。为此，必须把科技创新摆在国家发展全局的核心位置，让创新贯穿党和国家一切工作，加快建设科技强国，以创新驱动推动经济转型发展，全面提升创新能力和效率，解决关键核心技术"卡脖子"的窘境，把创新发展主动权牢牢掌握在自己手中。一是要统筹推进教育科技人才体制机制一体改革，强调深化教育综合改革、深化科技体制改革、深化人才发展体制机制改革，提升国家创新体系整体效能。要分类推进高校改革，建立科技发展、国家战略需求牵引的学科设置调整机制和人才培养模式，完善高校科技创新机制，提高成果转化效能；加强国家战略科技力量建设，优化国家科研机构、高水平研究型大学、科技领军企业定位和布局，改进科技计划管理，强化基础研究领域、交叉前沿领域、重点领域前瞻性、引领性布局；强化企业科技创新主体地位，建立培育壮大科技领军企业机制；允许科研类事业单位实行比一般事业单位更灵活的管理制度，探索实行企业化管理；深化职务科技成果赋权改革；加快建设国家战略人才力量，提高各类人才素质。二是要以全球视野谋划推动创新，坚持以开放促创新，健全科技对外开放体制机制，完善面向全球的创新体系，主动融入全球创新网络，突出重点领域和关键环节，补齐开放创新制度短板；不断加大高水平对外开放力度，持续以更加开放的思维和举措推进国际科技交流合作，建设具有全球竞争力的开放创新生态，同各国携手打造开放、公平、公正、非歧视的科技发展环境。

（三）必须实现全面改革，实现标志性改革举措落地见效的系统性效应

推动标志性改革举措落地见效，必须以经济体制改革为牵引形成全面改革的系统性效应。要通过民主和法治领域的深入改革，健全全过程人民民主制度体系、完善中国特色社会主义法治体系、完善大统战工作格局，推进法治社会高质量建设，实现标志性改革举措落地见效的法治完善效应；要持续推进物质文明和精神文明相协调的体制机制改革，推动理想信念教育常态化制度化，优化文化服务和文化产品供给，构建更有效力的国际传播体系，实现标志性改革举措落地见效的精神引领效应；要不断完善收入分配制度，规范收入分配秩序，健全灵活就业人员、农民工、新就业形态人员社保制度，扎实推进健康优先发展战略，进一步完善生育、养老的支持政策体系和激励机制，实现标志性改革举措落地见效的激励效应；要完善生态文明基础体制，健全生态环境治理体系，健全绿色低碳发展机制，推动绿色发展转型，实现标志性改革举措落地见效的生态效应；要注重统筹发展和安全，构建联动高效的国家安全防护体系，推进国家安全科技赋能，完善人民军队领导管理体制机制，实现标志性改革举措落地见效的安全效应。

三、加强党的领导、坚持守正创新，确保标志性改革举措更快落地

标志性改革举措更快落地见效是系统工程，要在党的坚强领导下，坚持守正创新，以问题导向破解体制机制障碍，以系统思维统筹政策设计，以务实精神推动执行创新。

（一）党的领导是标志性改革举措落地见效的根本保证

党的二十届三中全会强调指出，党的领导是进一步全面深化改革、推进中国式现代化的根本保证。因此，推动标志性改革举措更快落地见效，必须坚持党的领导，尤其是要在党中央集中统一领导下，确保各项工作能够总体设计、统筹协调、整体推进。

中国共产党领导是中国特色社会主义最本质的特征，是中国特色社会主义制度的最大优势，是推进中国式现代化的本质要求。在当代中国，中国共产党是最高政治领导力量，处于国家治理体系的核心位置，在国家各项事业中发挥总揽全局、协调各方的领导核心作用。只有始终坚持党的领导，改革才能保持正确方向、坚强定力、强大合力，才能行稳致远、取得成功。当前世界百年未有之大变局加速演进，国内发展也面临着各种挑战，离开党的领导，推动标志性改革举措落地，实现进一步全面深化改革这么广泛而深刻的社会变革，是难以想象的，是很容易搞散的，是干不成任何事情的。为此，各级党委（党组）和党员、干部必须坚持党中央集中统一领导，自觉同党中央保持高度一致，坚决听从党中央指挥，始终向党中央看齐，同党中央要求对标对表，及时校正偏差，决不打折扣搞变通、搞选择性执行；必须深刻领悟"两个确立"的决定性意义，增强"四个意识"、坚定"四个自信"、做到"两个维护"，全面提高政治判断力、政治领悟力、政治执行力，把"两个维护"作为首要政治纪律和政治规矩，铭记于心、严格遵守，自觉做政治上的明白人；必须确保党中央令行禁止，进一步完善党中央重大决策部署落实机制，把社会期盼、群众智慧、专家意见、基层经验充分吸收到改革设计中来，落实好"三个区分开来"，营造激励干部开拓进取、干事创业的改革氛围，形成推动标志性改革举措落地见效的合力保障

（二）坚持守正创新是标志性改革举措落地见效的重大原则

习近平总书记强调："坚持守正创新是进一步全面深化改革必须牢牢把握、始终坚守的重大原则。守正和创新是辩证统一的，只有守正才能保证创新始终沿着正确方向前进，只有持续创新才能更好地守正。"① 因此，推动标志性改革举措更快落地见效必须坚持守正创新，确保有方向、有原则地改革。要坚持党的全面领导、坚持马克思主义、坚持中国特色社会主义、坚持人民民主专政，以促进社会公平正义、增进人民福祉为出发点和落脚点，顺应时代发展新趋势、实践发展新要求、人民群众新期待，大力推进理论、实践、制度、文化等各个方面的创新，为推动高质量发展和中国式现代化提供强大动力和制度保障。

坚持守正创新，必须坚持改革的"两点论"和"重点论"，处理好方方面面的关系，运用科学方法，从主要矛盾和矛盾的主要方面入手，创新确立以"小切口"推动系统性效果的实践路径。一是要坚持改革和法治相统一，做到重大改革于法有据，确保法律面前人人平等，不能搞选择性执法，更不能搞法外开恩。二是要坚持破和立的辩证统一，做到破立并举、先立后破，不能未立先破，留下制度真空，让人无所适从，造成无序和混乱。三是要坚持改革和开放相统一，营造市场化、法治化、国际化一流营商环境。四是要处理好部署和落实

---

① 习近平：《进一步全面深化改革中的几个重大理论和实践问题》，《求是》2025 年第 2 期。

的关系，把握客观规律，顺应社会期盼，健全责任明晰、链条完整、环环相扣的工作机制，强化跟踪问效，推动改革举措落实落细落到位，防止重文件制定、轻督促落实等现象。五是要坚持顶层设计与基层探索相结合，"牵住责任制牛鼻子"，建立跨部门协同机制，尊重基层首创精神，强化问题导向，形成针对性方案。

此外，坚持守正创新推动标志性改革举措落地见效，还要以钉钉子精神为保证，推动改革举措高效落实。为此，要推动改革质效量化评估，通过督任务、督进度、督成效与察责任、察作风、察认识，确保改革不偏离轨道。

（三）实事求是引导改革预期，是推动标志性改革举措落地见效的重要要求

进一步全面深化改革是聚众力成大业的渐进长期过程，不可能一蹴而就、一下子把所有问题都解决。因此，实事求是做好改革舆论引导工作，唱响主旋律、传递正能量，合理引导改革预期，是推动标志性改革举措落地见效的重要要求。改革是利益格局调整的过程，不可能同时满足所有人的利益诉求。正确对待改革中的利益关系调整和个人利害得失，必须实事求是，一切从实际出发，不能急于求成、好高骛远，不要把调子起高、胃口吊高，要积小胜为大胜、积小事成大业。要处理好改革发展稳定的关系，推动形成改革的共同思想基础，团结全体人民共同参与，以实绩实效和人民群众满意度检验改革，真正让人民群众在改革中不断增强获得感、幸福感、安全感，形成改革发展的乐观稳定预期，为标志性改革举措落地见效、以进一步全面深化改革推进中国式现代化打造可持续的主体性保障。

第四章
实施更加积极的财政政策

　　宏观政策是一个体系，既包括财政政策和货币政策，也包括就业、产业、投资、消费等政策。财政政策的主要手段包括税收、财政支出、国债、政府投资、财政补贴和财政信用，旨在实现经济增长、物价稳定等目标。2024 年中央经济工作会议针对当前国内需求不足、外部经济环境复杂的现状，提出"要实施更加积极的财政政策"，通过扩大有效投资、提振消费信心，推动经济持续回升向好，为 2025 年经济稳定增长、持续向好提供支撑。从"积极"到"更加积极"，在保持连续性与稳定性的同时，财政政策的目标定位和作用强度将发生变化。

更加积极的财政政策，是与之前相比较而言的，意味着提高财政赤字率、安排更大规模政府债券等。通过这些措施将社会闲散资金或未充分利用的财力集中起来，形成更充分的财力，政府就可以加大财政支出强度，从而调动更多社会资源、扩大有效需求、挖掘经济增长潜力、创造更多物质财富，确保对经济增长形成强有力的拉动，促进实现经济社会发展的目标任务。实施更加积极的财政政策，释放了2025年财政政策将持续用力、更加给力的强烈信号，这一政策定位有着新的政策含义，需要深入理解。既是应对短期挑战的举措，也是完善社会主义市场经济宏观调控体系的重要实践。

一、财政政策的基本内涵和主要特征

实施更加积极的财政政策，意味着财政政策的力度加大，财政政策及其运用更加成熟。从政策目标而言，更加积极的财政政策目标更为丰富和理性，更加重视扩大内需。从作用强度而言，更加积极的财政政策将加大超常规逆周期调节力度。这一变化的深层逻辑是国家对财政政策性质和功能的新认识，以及对经济发展形势和阶段性特征的新研判。从理论逻辑来看，财政政策是市场经济条件下逆周期调节的一种重要工具。在市场经济条件下，经济运行主要是两只手在调节，一只是市场这只看不见的手起决定性作用，另一只是政府这只看得见的手发挥宏观调控作用。财政是国家治理的基础和重要支柱，科学的财税体制是优化资源配置、维护市场统一、促进社会公平、实现国家长治久安的制度保障。

（一）财政政策的基本内涵

　　所谓财政政策，指中央政府根据一定时期的政治、经济、社会发展任务而规定的财政工作的指导原则。财政政策包括财政支出与税收政策。财政政策的目标是通过财政收支来影响就业和国民收入等宏观经济指标，从而调节总需求和总供给，干预宏观经济运行。具体包括税收政策、赤字政策、转移支付政策等。从个体角度看，财政政策事关每个个体的就业、收入和生活质量，从而是影响民生的重要因素。从企业角度看，财政政策事关每个企业的生产决策，是影响企业经营的重要变量，从而是影响经济发展的重要渠道。从产业角度看，特定的产业政策往往以财政政策的方式生效，从而是引导产业发展的重要手段。而个体和企业的生存发展往往是决定社会和民生的重要因素。可以说，财政政策一头连着经济发展，一头连着社会民生，是政府宏观经济治理的重要工具。

　　鉴于财政政策在经济治理实践中的重要作用，宏观经济学将其视作重要的研究对象，在经济学理论中占据重要地位。凯恩斯理论是其中代表。凯恩斯理论以《就业、利息和货币通论》为集成，发端于第一次世界大战之后的世界性经济大衰退，即"大萧条"。彼时失业率高涨、生产严重过剩、倒闭或破产的企业数量庞大、产出大幅度下降等，而新古典经济学对此情况束手无策，凯恩斯主义应运而生。凯恩斯主义认为，社会总产品由供给端生产。但市场供给的动机是售出以获利，这取决于产品能否在市场上售出从而有效实现。而产品能否顺利售出受限于总需求的大小。因此，凯恩斯理论认为，社会总需求是社会总供给的决定性因素，是决定宏观经济运行的根本因素。政府通过刺激和调节总需求，就可以牵引总供给，从而实现经济发展的目标。因此，凯恩斯理论又常被称作"总需求理论"。实践中，凯恩斯理论拯救了深陷大萧条泥潭的资本主义世界，成为西方国家的主流经济理论。在西方经济学中，财政政策理论就是基于凯恩斯的总需求理论发展起来的。

（二）财政政策的传导机制

财政政策的传导机制，具体包括以下两个方面。

一是"相机抉择理论"，或者叫"逆经济周期理论"。基于"总需求理论"，既然总需求是调控宏观经济的重要抓手，那么政府只需要在经济下行时，通过扩张性的财政政策和货币政策，比如降低税率来提高居民实际收入，从而刺激居民消费；降低利率来减少企业投资的机会成本，从而刺激企业投资；政府部门购买更多的产品和服务；等等。刺激总需求扩张，实现熨平经济波动和提振经济、推动实现发展的经济目标。反之，经济过热时，政府应采取相反的财政政策：比如提高税率、提高利率、削减政府购买公共服务等措施来冷却经济。总之，通过逆周期调节来实现经济平稳增长、居民充分就业、物价基本稳定和国际收支平衡的宏观治理目标。"逆周期调节"是凯恩斯主义即需求理论的核心要义，也是西方经济学中宏观治理理论的灵魂所在。直至目前，"逆周期调节"仍然是各国主要的宏观治理逻辑。

二是财政政策的"自动稳定器"效应。传统西方经济学理论以需求侧为着力点，强调总需求对宏观经济平稳运行具有重要意义，认为财政政策具有"自动稳定器"效应。这是西方经济理论推崇市场配置资源的重要原因。所谓"自动稳定器"效应，指的是在市场经济条件下，宏观经济内部存在自发向均衡运动的趋势，即存在自动熨平经济波动、趋于均衡的内在动力。比如，在经济萧条时期，居民和企业收入下降，给定税率的条件下，税收自然下降，从而有助于企业和居民扩大消费。反之，在经济复苏和上升期，居民和企业收入提高，给定税率的条件下，税收随之上升，企业和居民的实际收入下降，消费受到抑制，经济趋于冷却。政府购买和转移支付也有类似的逻辑。随着居民收入增加，低收入群体范围逐渐缩小，政府转移支付和民生开支相对减少。居民收入下降，经济过热减退。反之，居民收入下降时，转移支付增加，同样存在扩充需求、平稳经济的机制。

（三）财政政策的主要特征

综上所述，财政政策具有如下特征。从实施主体看，财政政策的实施主体是政府及各政府部门。从内容看，财政政策是一组与财政相关的政策工具所组成的政策工具集，包括税收、转移支付、预算、国债、政府购买、财政补贴等。从目的看，财政政策的直接目的是，实现短期既定财政目标，长期目标是促进总供给和总需求动态平衡、保障就业和民生，推动经济平稳健康发展。可以说，财政政策是宏观经济治理的重要内容和组成部分，构成了宏观经济治理的主要抓手。从广义角度看，除上述直接财政政策外，财政补贴、税收返还等财政工具还能同产业政策、货币政策等工具相结合，实现特定领域的产业引导和培育，在科技创新、绿色发展、扶贫助农、共同富裕、区域协调等方面发挥重要作用。

基于上述基本特征，财政政策还存在如下衍生特征。一是短期阶段性。不同发展阶段，政府面临不同治理目标和治理难题。相应地，政府出台的财政政策往往具有阶段性特征，随发展状况变化而变化。二是问题针对性。在市场经济条件下，政府的主要目标是维持和巩固市场在资源配置中的决定性作用并弥补市场失灵。因此，政府的财政政策往往具有特定目标和问题导向，而非"大水漫灌"。三是目标多元性。财政政策的总体目标是经济平稳健康发展。其中既涉及消费和投资，也涉及生产和分配。既涉及区域层面的协调发展，也涉及资源环境的合理利用。既涉及经济量的合理增长，也涉及经济质的有效提升；是"既要又要还要"。总而言之，财政政策的目标是多元的。四是工具复合性。经济系统是若干子系统组成的总体，且各子系统之间存在密切的内在关联，"牵一发而动全身"。因此，要实现特定的发展目标，需要各种财政工具"多管齐下"。比如，要实现扩大消费的目标，一方面要通过就业政策解决就业从而提高居民收入，另一方面还要通过财政补贴降低实际物价，可能还需要相应的产业政策和税收政策激励企业提供更好的产品和服务来满足消费需求。

二、我国财政政策的历史演进

从历史视角来看，财政政策作为国家宏观调控中最为基本和重要的手段，对我国经济稳定发展发挥了重要作用。党的十八大以来，实施积极的财政政策，在应对国内外复杂的不确定因素的冲击方面发挥了重要作用，为国家发展提供了坚实的财力保障和政策支持。财政政策从"积极"到"更加积极"，反映了财政政策理念的新变化和对经济回升向好的新期盼，彰显了党中央稳定经济的坚强决心和信心，体现了财政政策的灵活性和前瞻性，通过多种政策工具的组合运用以及政策的持续用力和更加给力，目的在于加大财政政策逆周期调节力度，扩大内需进而促进经济增长。

（一）1949—1952 年

1949 年 10 月 1 日，中华人民共和国成立，标志着人民政权诞生。此时，国家经历战火，百废待兴，国民经济处于崩溃边缘，财政面临两个主要任务。在政治和军事方面，要承担大量军费开支，消除国内反动势力残余及国际上帝国主义的威胁，巩固新生政权。在经济方面，物质基础薄弱，纸币超额发行。财政要消除通货膨胀、整顿生产秩序，恢复和发展生产。同时，在发展方面，我们还面临严峻的国际环境，遭受西方国家的经济封锁，对外贸易困难。为了实现巩固政权、发展经济两个迫在眉睫的目标，1950 年政务院颁发《中央人民政府政务院关于统一国家财政经济工作的决定》，要求全国统筹编制粮食、税收等重要物资，归中央政府统一调配使用，以尽快平衡财政收支、消除通货膨胀、整顿财政收入。于是，我国迅速建立起中央高度集权的统收统支财政预算体制。

（二）1953—1958 年

1953 年 6 月 15 日，在中央政治局扩大会议上，毛泽东对党在过渡时期的总路线和总任务进行阐释，即要在一个相当长的时期内，逐步实现国家的社会主义工业化，并逐步实现国家对农业、对手工业和对资本主义工商业的社会主义改造。通过合作化、赎买和公私合营等方法，推动"一化三改"不断实现。这一过程中，还伴随着央地财政关系的调整，中央统收统支的高度集权财政体制开始松动，中央对地方适当放权。

1956 年，随着"一化三改"结束，我们党掌握了工厂、企业等重要生产资料，完成了对农业、手工业和资本主义工商业的社会主义改造。生产资料所有制实现巨大飞跃：把生产资料私有制转变为社会主义公有制。三大改造的完成标志着中国从新民主主义社会跨入社会主义社会，社会主义制度就这样建立起来。此时，城市中的国有企业和农村集体经济成为党执政的重要物质基础，同时构成国家财政的重要来源。1957年，国务院出台《关于改进财政管理体制的规定》，重新划定了中央和地方的财政权责，进一步放权让利，调动了地方发展的积极性。1958年，第二个五年计划开始实施。这一阶段，国家第二个五年计划的目标主要是完成社会主义改造，提前把我国建设成为一个具有现代工业、现代农业和现代科学文化的社会主义国家。财政政策要为国家工业化提供物质保障。

（三）1959—1976年

1959—1961年，我国遭遇三年自然灾害，经济社会发展和财政收入面临困难。1966—1976年，我国进入十年"文革"时期，国家经济建设和财政工作艰难开展。

因市场在资源中的配置作用甚微，总体看，计划经济时代，我国财政政策是相对被动和消极的。

（四）1978—1993年

1978年，党的十一届三中全会召开，党的工作中心重新转移到经济建设上来。财政工作成为政府经济治理的重要内容。1978—1993年，我国财政体制密集调整，主要集中在央地关系方面。1980年，中央和地方从吃财政"大锅饭"改为"分灶吃饭"，即明确地方上交国家的比例，"交够国家的，留足集体的，剩下都是自己的"。这一制度调整，使得地方通过努力能够参与分配自身产出，极大调动了地方发展经济的积极性。随后，对部分企业也尝试性采取利润留成制度，产生了显著的激励效应。1988年，已经形成多种形式的财政"大包干"体制。其本质是，一定范围内财政收支向地方放权。需要指出，这一制度在调动地方发展积极性的同时，也产生了地方不良竞争等后果。为了提高财政收入，出现重复建设、市场分割等不利于长期发展的现象。

这一阶段，我国财政政策比较稳健，基本沿用计划经济时代的财政思想，基本原则是"量入为出、略有结余"。改革开放之初，党的工作中心转移到经济建设上来，经济出现投资过热现象，并伴随财政赤字。为了平衡收支，1979年，财政部对基本建设开支作出严格约束，要求严格按照国家计划供应资金，严格财政纪律。1982年的"利改税"进一步释放企业生产的积极性，经济快速发展。1984年后我国出现投资和消费上升以及通货膨胀为主要标志的经济过热现象。1988年后，财政再次紧缩，部分项目停滞。

（五）1994—2011年

1994年，我国进行"分税制改革"。分税制改革的主要目的是理清中央和地方的财权和事权关系，进一步调动地方发展积极性，推动经济社会发展。尤其是，保持财权和事权一致。在事权方面，中央财政聚焦中央和国家机关支出、中央本级事务及跨区域的宏观调控；地方财政则聚焦本地政府及事业单位开支、经济社会发展、民生保障等相关事务。相应地，划定中央和地方税种，实现财权和事权的匹配。最后，还保留了转移支付制度，作为区域协调发展和地方基本运行的制度保障。由此，实际上建立了规范的"政治集权、财政分权"的"中国式分权"体制，并沿用至今。

1997 年亚洲金融危机爆发，直接冲击我国外贸，投资下降和失业率增加，并出现向国内制造业蔓延的态势。为了应对危机影响，我国果断采取积极的财政政策和稳健的货币政策。通过发行国债、政府购买以及进行交通通信等基础设施建设来扩大内需、稳定就业和刺激经济增长。同时大幅调低存款准备金率，促进投资和经济恢复。2008 年为应对国际金融危机，我国继续采取积极的财政政策，把宏观调控的着力点转移到防止经济增速过快下滑上来，形成应对国际金融危机冲击的一揽子计划。其中，财政政策的核心是短期内大规模增加政府支出和实行结构性减税。

（六）2012 年至今

党的十八大以来，中国特色社会主义进入新时代。我国继续坚持积极的财政政策，聚焦贯彻新发展理念、供给侧结构性改革、建设现代化产业体系、构建新发展格局、推动高质量发展。进入新时代，我国经济从高速发展阶段进入高质量发展阶段。

第一，大规模基础设施建设和投资拉动的"大规模兵团作战"式的发展方式已经难以为继。转向激励企业创新发展、协调发展、绿色发展、开放发展、共享发展。尤其是聚焦"巩固、增强、提升、畅通"八字方针，通过减税降费，降低市场配置资源的制度性交易成本。推动供给侧结构性改革和市场供需匹配，促进经济循环畅通。

第二，财政政策更加重视化解地方债务风险。分税制改革以来，地方政府债务快速扩张，宏观杠杆率不断攀升，财政和金融风险水涨船高。一些地方隐性债务规模大、利息负担重，不仅存在"爆雷"风险，也消耗了地方可用财力。根据"守住不发生系统性风险的底线"要求，党的二十届三中全会指出："完善政府债务管理制度，建立全口径地方债务监测监管体系和防范化解隐性债务风险长效机制，加快地方融资平台改革转型。"2024 年 11 月，《国务院关于提请审议增加地方政府债务限额置换存量隐性债务的议案》提出，建议增加 6 万亿元地方政府债务限额置换存量隐性债务。从 2024 年开始，连续 5 年每年从新增地方政府专项债券中安排 8000 亿元，补充政府性基金财力，专门用于化债。同时，持续保持"零容忍"的高压监管态势，对新增隐性债务发现一起、查处一起、问责一起。

三、更加积极的财政政策的指向及着力点

当前总需求不足主要源于国内需求不足，扩大内需成为当前稳增长的关键。实施更加积极的财政政策，就是要综合运用包括财政赤字、政府债券、财政支出等在内的多种政策工具，提高财政政策组合效应，为扩大内需和促进经济平稳健康发展发挥积极作用。

（一）我国经济面临的主要矛盾

分税制改革以来，尤其是加入世界贸易组织以来，我国经济快速发展，被誉为"中国奇迹"。2024 年，我国 GDP 已经达到 134.9 万亿元，居世界第二位。然而，实践中分权财政制度和"以 GDP 论英雄"的激励机制导致各地以经济增长率为主要治理目标。该目标与政府多元治理目标相悖，不利于经济长期健康发展。比如为了提高经济增长率，地方政府往往偏好快速产生增长拉动效应的基础设施建设和投资以及房地产等产业，导致"土地财政"等现象。我国经济发展的可持续性面临挑战。

　　具体来说，集中体现在如下几个方面。第一，以劳动密集型产业为主要驱动的经济结构面临人口老龄化、适龄劳动力不足的挑战。国家统计局数据显示，截至 2024 年末，全国 65 岁及以上老年人口为 22023 万人，占总人口的 15.6%。第二，以高能耗和粗放型发展方式驱动的工业发展面临资源环境约束趋紧的矛盾。2024 年，我国二氧化碳排放约为 126 亿吨，占全球的比重接近 34%。第三，外贸压力。改革开放以来，我国发挥人口和资源优势加入国际贸易，承担供应链价值链低端环节，与西方国家产业互补性较强。随着我国科技创新水平不断提高，我国与西方国家产业链供应链互补性削弱，竞争性增强。近年来，以美国为首的西方国家对中国采取"脱钩断链"政策，依靠外贸拉动的外向型经济风险加剧。党的十八大以来，为了实现经济持续健康发展，我们党提出贯彻新发展理念、构建新发展格局、推动高质量发展的战略决策。其本质是，从供给侧入手，改变生产方式、提高产品和服务的质量，推动经济发生质量变革、效率变革、动力变革。可以说，我国经济运行的主要矛盾在供给侧，供给侧结构性改革是经济领域的改革主线。

　　与之相伴随，这一阶段我国实施积极的财政政策，助力供给侧结构性改革。继续减税降费，降低企业经营成本，推动市场在资源配置中发挥决定性作用，更好发挥市场促进竞争、深化分工、配置资源的作用，提高经济发展的效率。推动财政政策从传统的总量性政策转向结构性政策。聚焦公共服务和基础设施建设，补齐基础设施短板。尤其是，加强战略性、网络型基础设施建设，稳步推进通信网络建设，加强市政管网、城市停车场、冷链物流等建设，加快农村公路、信息、水利等设施建设。财政政策和产业政策更加精准，提升产业链水平，聚焦战略产业和新兴产业，增强制造业技术创新能力，充分发挥新型举国体制优势，攻克核心技术"卡脖子"问题。

新冠疫情暴发后，面对严峻形势，我国采取"外防输入、内防扩散"的防控政策。人流、物流受到管制，对经济发展造成较大冲击。疫情期间，部分企业入不敷出，面临倒闭，失业率增加。部分市场主体对未来信心不足，消费和投资下滑，社会总需求不振。2024 年 12 月，中央经济工作会议指出，"当前外部环境变化带来的不利影响加深，我国经济运行仍面临不少困难和挑战，主要是国内需求不足，部分企业生产经营困难，群众就业增收面临压力，风险隐患仍然较多"。

提振总需求，是当下经济领域的主要任务。需要指出的是，提振总需求和推进供给侧结构性改革并不矛盾。供给侧问题内生于经济结构，是内因，是结构性矛盾。而需求不足是外因导致，是总量问题。因此，总需求不足作为当下面临的短期困难，与供给侧结构性改革这一长期主线并不矛盾。党的二十大报告强调，要把实施扩大内需战略同深化供给侧结构性改革有机结合起来，增强国内大循环内生动力和可靠性，提升国际循环质量和水平。当下，总需求不振的矛盾要求我们采取更加积极的财政政策进行逆周期调节。

（二）更加积极的财政政策

2024 年中央经济工作会议对 2025 年经济工作进行系统部署，强调"要实施更加积极的财政政策"。根据中央经济工作要求，更加积极的财政政策包括如下几个方面。

1.提高财政赤字率，安排更大规模政府债券

财政赤字作为重要的财政政策工具，对扩大需求、促进经济发展

具有重要实践意义。为了实现扩大内需、提振经济的短期治理目标，对于中小企业，应当及时减税降费，减轻其经营负担，以稳定就业、激发活力。减税降费必然减少政府收入，制约政府购买和相关投资。此时，政府通过举债即提高财政赤字率，就能解决这一短期的"两难"问题。2024年，我国财政赤字率约为3%，赤字规模为4.06万亿元。该水平与国际通行的3%警戒线相当。从国际经验看，继续举债可能面临支付危机。实践中，一国是否举债、举债多少、如何举债，不仅要参考国际经验，更要基于宏观经济的总体运行状况进行判断。总体上看，受到疫情冲击及国际经济低迷影响，我国仍面临短期需求不足的困难。但困难是短期的、外生的，克服困难就能迎来"峰回路转、柳暗花明"。另外，我国发展具有诸多长期优势：我国是超大规模经济体，拥有巨大的经济体量、市场容量和产业配套能力，同时具备人才优势、创新优势，还有独特制度优势。通过短期举债提振市场信心、激发市场活力，就能不断开发我国发展潜力，将丰富的发展潜力转化为发展的实际优势。

2. 大力优化支出结构、强化精准投放

财政资源宝贵有限，优化结构、精准投放，才能发挥出扩大内需、促进发展的最大效能。消费是生产的目的，也是再生产和经济循环的前提。目前，消费不足成为制约生产的主要矛盾。疫情冲击余波仍在，国内居民预期不足，不愿消费、不能消费、不敢消费等情况仍然存在。通过财政工具扩大消费是逆周期调节的首要任务。具体来说，全社会范围内的电子产品消费券发放、家居家电以旧换新等消费补贴应继续增强。对于中低收入人群，适当提高工资收入。对于收入较低群体，考虑直接发放现金或消费券。坚持就业优先战略，实现劳动者工作稳定、收入可靠。大力支持科技创新。科技创新活动尤其是前沿技术的科技创新，往往具有不确定性强、回报周期长等特征。一方面，财政工具应聚焦关乎经济社会发展的重大科技项目，推动产学研一体和科技成果产业化；另一方面，应充分用好财政政策"组合拳"，为新质生产力、新兴产业和未来产业的发展发育创造条件。

3.持续用力防范化解重点领域风险，促进财政平稳运行

化解房地产领域风险。房地产目前作为我国支柱性产业，上下游关联产业众多。一旦发生风险，风险会迅速蔓延，对经济运行造成冲击。要优化房地产企业融资机制，对不同所有制房地产企业合理融资需求要一视同仁给予支持。通过建立城市房地产融资协调机制，筛选合理项目，及时给予贷款，保障房产项目顺利运转、如期交付。着力满足居民刚性住房需求和多样化改善性住房需求。加大保障性住房建设和供给，以市场化手段降低居民刚性住房成本，满足居民刚性住房需求，使居民腾出消费能力，提升其他产品和服务的消费水平。化解地方债务风险。一方面，通过置换手段逐渐消化隐性债务，逐步消除债务存量。让地方轻装上阵，着力聚焦调结构、稳增长，推动经济高质量发展。另一方面，严格控制新增隐性债务，对新增隐性债务严格查处。

4.增加对地方转移支付，兜牢基层"三保"底线

转移支付是重要的财政工具。通过向欠发达和低收入地区投放转移支付，能够有效促进区域协调发展，保障地区公共服务均等化。尤其是，当前部分地区基层"三保"，即保基本民生、保工资、保运转面临压力。基本民生方面，就业是重中之重。中央和地方财政要聚焦各地落实就业创业政策，织密扎牢社会保障网，兜住困难群众基本生活底线。此外，还要充分发挥转移支付对地方发展的激励作用，建立

促进高质量发展转移支付激励约束机制。通过转移支付激励地方聚焦保民生、调结构，调动地方发展的积极性，推动高质量发展。针对相对欠发达地区，转移支付应更多聚焦乡村振兴，在改善农民生产生活环境、补齐农村公益设施建设短板、提升农村公益基础设施服务水平和推动农业产业高质量发展等方面持续发力。

第五章

实施适度宽松的货币政策

金融是国民经济的血脉。2024 年中央经济工作会议明确"要实施适度宽松的货币政策",2025 年《政府工作报告》围绕适时降准降息、优化和创新结构性货币政策工具、进一步疏通货币政策传导渠道、推动社会综合融资成本下降等重点工作进行部署。我国提出"实施适度宽松的货币政策",既有总量和结构性要求,也有改革和拓展性要求,有利于为经济持续回升向好提供宽松的流动性环境,提振市场信心。

一、实施货币政策需应对的形势背景

货币政策的变化与宏观经济形势密切相关。从 2011 年到 2024 年，我国央行实施的都是稳健的货币政策，但基于不同形势和情况，还是存在细微差别，如"保持稳健中性"（2018 年）、"松紧适度"（2019 年）、"灵活适度"（2020 年、2022 年）、"灵活精准、合理适度"（2021 年）、"精准有力"（2023 年）、"灵活适度、精准有效"（2024 年）。当前，我国提出"要实施适度宽松的货币政策"，主要依据是应对国内外经济形势变化、国内需求不足等问题。

从全球局势上看，百年未有之大变局加速演进，单边主义、保护主义持续蔓延，全球自由贸易面临严峻挑战，世界经济增长的不确定性增大，当前外部环境变化带来的不利影响加深。一方面，全球经济疲软态势没有缓解。联合国《2025 年世界经济形势与展望》报告预测，2025 年全球经济增长率将维持在 2.8%，与 2024 年持平。尽管全球经济展现出较强的韧性，经受住了一系列相互叠加的冲击，但增长水平仍低于疫情前 3.2% 的平均水平，主要受到投资疲软、生产率增长乏力以及高债务水平的制约。同时，美国内外政策将迎来又一次重大转向，叠加地缘冲突热点不断，全球经济与政治不确定性与不稳定性加剧。2025 年 1 月 20 日，特朗普宣誓就任美国总统，开启第二个总统任期，上任以来不断挥出"关税大棒"。2 月，特朗普签署了《对等贸易和关税备忘录》，并称："这意味着任何国家向美国征收多少关税，美国都会向他们征收多少关税。不多也不少。"此外，贸易伙伴的行业补贴、税收政策等，都是用来评估"对等关税"税率的因素。2025 年 4 月 2 日，美国政府宣布对贸易伙伴征收"对等关税"，并针对特定行业征收额外关税，为世界经济发展注入更多不确定性。

从国内经济运行上看，我国经济运行仍面临不少困难和挑战，主要是国内需求不足，部分企业生产经营困难，群众就业增收面临压力，风险隐患仍然较多。一是需求结构。从需求结构看，2024年最终消费支出对经济增长44.5%的贡献率较2023年的82.5%下降幅度较大，对GDP增长的拉动作用也从2023年的4.3个百分点下降到2.2个百分点。在消费占GDP比重偏低的情况下，消费的经济拉动力必然不够强劲，对经济发展的基础性作用自然难以充分发挥。二是价格走势。受国内市场需求相对不足和国际市场大宗商品价格持续回落等因素影响，价格水平总体呈现低位运行态势，消费领域价格低位波动并略有回升，生产领域价格持续下行但降幅收窄。2024年全年，全国居民消费价格指数比上年上涨0.2%，全国工业生产者出厂价格指数比上年下降2.2%。国内有效需求不足突出表现为消费走弱。消费需求不足的根源在于居民资产负债表尚在修复。重点群体就业增收面临压力，房地产市场和资本市场的财富效应有待充分释放。2024年9月26日，中央政治局会议推出的一揽子增量政策，从稳定资产价格和减轻负债压力入手，修复各部门资产负债表，体现出宏观经济治理思路正从增量管理转向存量管理与增量管理相结合。适度宽松的货币政策通过维持低位的利率水平、营造宽松的信贷环境，有效保障房企合理融资需求，更好满足居民多样化住房需求。

从整体形势上需要看到的是，我国经济基础稳、优势多、韧性强、潜能大，长期向好的支撑条件和基本趋势没有变。从经济总量上看，2024年，我国全年国内生产总值为1349084亿元，比上年增长5.0%，全国居民人均消费支出为28227元，比上年实际增长5.1%。

从对外经济上看，2024 年，中国全年货物进出口总额为 438468 亿元，比上年增长 5.0%，连续多年保持全球货物贸易第一大国、第二大进口国地位，对全球增长的年均贡献率达到 30% 左右，即"下一个中国，还是中国"。从人才发展上看，人才资源总量达到 2.2 亿人。高素质劳动者规模庞大，高技能人才超过 6000 万人，研发人员总量多年居世界首位。从产业体系上看，我国已建成门类齐全、独立完整的现代工业体系，拥有 41 个工业大类、207 个工业中类、666 个工业小类，成为全世界唯一拥有联合国产业分类中全部工业门类的国家。从体制机制上看，中国特色社会主义制度具有多方面显著优势，社会主义市场经济体制不断健全和完善，将为经济高质量发展提供更为坚强的保障。

从货币政策的实效上看，2024 年，我国经济运行总体平稳、稳中有进，但也面临压力和挑战，货币政策坚持支持性的立场，强化逆周期调节，有力支持经济回升向好。具体来看，2024 年全年货币政策呈现出四大特点：一是总量"稳"。2024 年，中国人民银行两次下调存款准备金率共 1 个百分点，释放长期流动性超过 2 万亿元，并综合运用公开市场操作、中期借贷便利等工具，开展国债买卖操作，保持流动性合理充裕。货币信贷平稳增长，同时央行着力治理和防范资金空转，服务实体经济力度和质效都得到了有效提升。二是价格"降"。2024 年央行两次降低政策利率共 0.3 个百分点。当前，我国利率水平保持稳中有降态势，企业和居民融资成本进一步降低。截至 2025 年 6 月，新发放企业贷款加权平均利率为 3.22%，个人住房贷款加权平均利率为 3.06%，均较上年下降。三是结构"优"。央行先后设立科技创新和技术改造再贷款两项资本市场支持工具，从供需两侧推出房地产支持政策组合，着力支持新旧动能平稳转换，有效提振房地产市场和资本市场信心。2024 年 11 月末，专精特新企业贷款余额 4.25 万亿元，同比增长 13.2%；普惠小微贷款余额 32.21 万亿元，同比增长 14.3%，这些贷款增速均高于同期各项贷款增速。四是内外"均衡"。坚持市场在汇率形成中起决定性作用，我国多措并举稳定市场预期，平衡外汇市场供求，在复杂的内外部形势下，保持人民币汇率在合理均衡水平上的基本稳定。尤其是 2024 年 9 月以来，针对有效需求不足、社会预期偏弱等经济运行出现的新情况新问题，金融管理部门推出了一揽子支持经济稳定增长的政策。市场专家普遍预计，前期政策效果还将持续显现，市场有效融资需求将进一步改善，金融资源将更多流向重大战略、重点领域和薄弱环节，金融支持实体经济高质量发展将更加有力有效。

根据中央经济工作会议要求，2025 年，我国实施适度宽松的货币政策，有以下方面的政策目标和主要任务：发挥好货币政策工具总量和结构双重功能，适时降准降息，保持流动性充裕，使社会融资规模、货币供应量增长同经济增长、价格总水平预期目标相匹配。保持人民币汇率在合理均衡水平上的基本稳定。探索拓展中央银行宏观审慎与金融稳定功能，创新金融工具，维护金融市场稳定。货币政策的动态调整要根据国内外经济金融形势和金融市场运行情况，择机降准降息，综合运用公开市场操作等多种货币政策工具，保持流动性充裕，使社会融资规模、货币供应量增长同经济增长、价格总水平预期目标相匹配，更好把握存量与增量的关系，注重盘活存量金融资源，提高资金使用效率。保持人民币汇率在合理均衡水平上的基本稳定，坚决防范汇率超调风险。

二、实施适度宽松货币政策的主要着力点

货币政策是宏观调控的重要工具。实施适度宽松的货币政策，其根本方向在于为经济稳定增长创造适宜的货币金融环境。2025年，我国将进一步健全市场化利率调控机制，持续强化利率政策执行，加强利率自律管理，提升银行自主理性定价能力，兼顾银行业稳健经营和社会综合融资成本稳中有降，为促消费、扩投资创造有利的利率环境。同时，我国要发挥好货币政策工具的总量和结构双重功能，引导金融资源更多投向急需领域，不断提升金融支持经济结构调整、转型升级、新旧动能转换的效能。

（一）发挥好货币政策工具的总量和结构双重功能，加大支持实体经济力度

习近平总书记深刻指出，"为实体经济服务是金融立业之本"，"实体经济是金融的根基，金融是实体经济的血脉，为实体经济服务是金融的天职，是金融的宗旨，也是防范金融风险的根本举措"。当前我国的政策利率水平、流动性充裕程度、实体经济融资条件、结构性货币政策工具运用等，充分体现了支持性的货币政策立场。同时，经济持续回升向好的内外部挑战和不确定性因素依然较多，货币政策有必要保持合理空间，根据国内外经济金融形势和金融市场运行情况灵活施策，把政策资源用在刀刃上，应对未来各种不确定性。

实施适度宽松的货币政策，要进一步发挥好货币政策工具总量和结构双重功能，推动资金更快更多流向实体经济。适时降准降息，保持流动性充裕，使社会融资规模、货币供应量增长同经济增长、价格

总水平预期目标相匹配。保持人民币汇率在合理均衡水平上的基本稳定。探索拓展中央银行宏观审慎与金融稳定功能，创新金融工具，维护金融市场稳定。为发挥适度宽松货币政策的结构功能，可以通过一系列精准定向的措施来推动金融资源向实体经济流动，提高信贷资源的配置效率。中小企业作为研发创新、创造就业的最具活力的主体，长期以来面临着融资难、融资贵等问题。为解决这一问题，结构货币政策工具应切实引导金融资源精准定向于中小微企业和高科技企业。中央银行可以通过定向降准等手段，支持商业银行向小微企业提供更多贷款。为了确保贷款能够有效地流向小微企业，政策应包括实行优惠的贷款利率，增加金融产品的多样性，特别是要针对小微企业的需求推出合适的贷款方案。

实施好适度宽松的货币政策，要持续做好科技金融、绿色金融、普惠金融、养老金融、数字金融"五篇大文章"，发挥结构性货币政策工具总量和结构双重功能，支持科技创新和促进消费。目前，"五篇大文章"的政策框架已基本建立。要加强与有关部门协同合作，围绕统筹推进"五篇大文章"，进一步增强金融支持的力度、可持续性和专业化水平。切实发挥好结构性货币政策工具和宏观信贷政策的牵引带动作用，完善风险分担和补偿机制，推动加大信贷投入、优化信贷结构、丰富金融产品；积极拓宽融资渠道，支持企业通过债券、股权等市场融资，提升金融服务质效。用好股票回购增持再贷款，维护资本市场稳定运行。落实落细金融支持民营经济25条各项举措。扩大民营企业债券融资规模，强化民营企业债券风险分担，支持民营企业发行科创债券、绿色债券、资产支持证券等融资工具。健全民营中小企业增信制度，破解民营中小企业信用不足、信息不对称等融资制约。优化产业链供应链金融服务，支持产业链上民营企业便利融资。

建立常态化银企交流沟通机制，运用好全国中小微企业资金流信用信息共享平台，畅通服务链条，提升民营中小微企业融资效率。

（二）强化金融与财政政策、产业政策的协同，加大消费重点领域低成本资金支持力度

实施好适度宽松的货币政策，为扩大消费营造良好的金融环境。实施适度宽松的货币政策，强化金融与财政政策、产业政策的协同，引导金融机构从消费供给和需求两端，积极满足各类主体多样化的资金需求。根据国内外经济金融形势和金融市场运行情况，择机调整优化政策力度和节奏。综合运用准备金、再贷款再贴现、公开市场操作等多种货币政策工具，保持流动性充裕。研究创设新的结构性货币政策工具，加大消费重点领域低成本资金支持。

一是打好消费政策组合拳，支持消费供给提质惠民。强化部门协同配合，加大对文旅、养老、体育等消费重点领域经营主体的金融支持，促进消费相关产业、相关企业发展壮大。加强对消费基础设施、商贸流通体系建设等专业化金融服务，促进提升消费供给质量和能效。推动金融与财政贴息、减税降费等政策共同发力，支持增加高质量消费产品和服务供给，提升人民群众消费满意度。

二是优化金融产品和服务，满足差异化消费需求。引导金融机构围绕以旧换新、智能产品、冰雪运动等新消费场景，研究推出有针对性的金融产品。鼓励金融机构根据客户需求和风险特征进行产品创新和差异化定价，为高校毕业生、新市民、自由职业者等群体适度减免相关费用、优化金融服务。持续推进支付便利化建设，聚焦食、住、行、游等消费场景，为老年人、外籍来华人员等消费者提供高效、便捷的消费支付体验。

　　三是拓宽金融机构资金来源，扩大消费领域资金供给。积极支持金融机构发行金融债券用于消费领域。支持金融机构以消费贷款、汽车贷款为基础资产，开展资产证券化业务，加大汽车贷款、消费贷款投放。扩大柜台债券投资品种，拓宽居民财产性收入渠道。

三、实施适度宽松货币政策的重点举措

　　2025 年是"十四五"规划的收官之年和"十五五"规划的承上启下之年，在这一关键时刻、重要节点，党中央科学研判形势、果断决策部署，实施适度宽松的货币政策。要平衡好短期与长期、稳增长与防风险、内部均衡与外部均衡、支持实体经济与保持银行体系自身健康性的关系，以主动作为积极应对形势变化的不确定性，为我国实现经济稳定增长和高质量发展创造良好的货币金融环境。一方面，以更加有力的超常规逆周期调控，有效应对经济社会发展的内部困难和外部压力；另一方面，发挥好货币政策工具总量和结构双重功能，提高宏观调控的前瞻性、主动性、精准性。

　　基于理论逻辑，实施适度宽松的货币政策应当考虑的是凯恩斯的需求管理理论。凯恩斯对经济危机的分析完全不同于马克思。马克思认为经济危机在于资本主义经济制度，在于生产的社会化与生产资料的私人占有之间的矛盾。马克思的分析既有总量问题，即资本主义的消费永远赶不上生产，又有结构问题，生产的社会化要求按比例，而资本家的私人占有制又不能保证按比例。凯恩斯认为，发生危机的原因在于有效需求不足，加之危机带来的对未来预期的不确定，人们不敢投资、不敢消费，要综合用好财政政策和货币政策。经济衰退的核

心在于有效需求低，主要有以下表现：一是消费倾向递减，收入增长时，居民消费增速放缓，储蓄率上升，导致消费需求不足；二是资本边际效率波动，企业预期未来收益下降时（如经济悲观情绪蔓延），投资意愿锐减；三是流动性偏好上升，危机时期市场避险情绪强化，资金滞留在货币市场而非投入实体经济，因而需要加大通过货币政策调节总需求的力度。从作用机制上讲，实施适度宽松的货币政策，可能会起到以下三方面效果：第一，强化逆周期调节，当经济面临下行压力时，通过降低政策利率、增加货币供应量等方式降低融资成本，刺激投资与消费，扩大总需求；第二，强化利率传导机制，货币政策通过影响短期利率，引导长期利率下行，进而降低企业投资成本与居民储蓄倾向，推动经济活动扩张；第三，强化预期管理，明确的"适度宽松"政策信号可改善市场信心，打破"通缩预期自我强化"的负向循环。

2025 年《政府工作报告》指出，实施适度宽松的货币政策。发挥好货币政策工具的总量和结构双重功能，适时降准降息，保持流动性充裕，使社会融资规模、货币供应量增长同经济增长、价格总水平预期目标相匹配。优化和创新结构性货币政策工具，更大力度促进楼市股市健康发展，加大对科技创新、绿色发展、提振消费以及民营中小微企业等的支持。进一步疏通货币政策传导渠道，完善利率形成和传导机制，落实无还本续贷政策，强化融资增信和风险分担等支持措施。推动社会综合融资成本下降，提升金融服务可获得性和便利度。保持人民币汇率在合理均衡水平上的基本稳定。拓展中央银行宏观审慎与金融稳定功能，创新金融工具，维护金融市场稳定。

第一，择机降准降息。"降准"即降低存款准备金率，是一种政策力度较大的措施。具体而言，降准一方面将向市场注入更多的长期资金，保持市场流动性充裕，更好地满足企业和居民的融资需求；另一方面有助于银行降低资金成本，保持服务实体经济的持续性，推动企业和居民的融资成本降低。"降息"是指降低存款利率和贷款利率，推动企业融资和居民信贷成本稳中有降，减少企业和居民利息的支出。2025 年中国人民银行工作会议提出，将根据国内外经济金融形势和金融市场运行情况，择机降准降息。截至 2025 年 3 月，金融机构存款准备金率平均为 6.6%，还有下行空间，中央银行向商业银行提供的结构性货币政策工具资金利率也有下行空间。同时，综合运用公开市场操作、中期借贷便利、再贷款再贴现、政策利率等货币政策工具，保持市场流动性的充裕，降低银行负债成本，持续推动社会综合融资成本下降，使社会融资规模、货币供应量增长同经济增长、价格总水平预期目标相匹配。

第二，优化和创新结构性货币政策工具。结构性货币政策工具通过定向调控与精准滴灌，能有效平衡总量与结构目标，在科技创新、民营经济发展等关键领域发挥着独特作用。研究创设新的结构性货币政策工具，重点支持科技创新领域的投融资、促进消费和稳定外贸。加强重大战略、重点领域和薄弱环节的金融服务。科学运用各项结构性货币政策工具，引导金融机构加力支持科技金融、绿色金融、普惠金融、养老金融、数字金融等领域。加强政策协同和传导，支持经济结构调整、转型升级和新旧动能转换，更好发挥货币政策和财政贴息、风险补偿等措施的协同效应。提升金融机构服务能力，丰富金融产品，完善内部制度安排，强化信息科技支撑，优化金融资源配置。从目前情况看，为了维护我国资本市场稳定，提振投资者信心，在借鉴国际经验以及中国人民银行自身过往实践的基础上，中国人民银行与证监会、国家金融监督管理总局协商，创设两项结构性货币政策工具，支持资本市场稳定发展。第一项是创设证券、基金、保险公司互换便利。支持符合条件的证券、基金、保险公司，使用其持有的债券、股票 ETF、沪深 300 成分股等资产作为抵押，从中央银行换入国债、央行票据等高流动性资产，这项政策将大幅提升机构的资金获取能力和股票增持能力。第二项是创设股票回购、增持专项再贷款，引导银行向上市公司和主要股东提供贷款，支持回购和增持股票。中央银行将向商业银行发放再贷款，提供的资金支持比例是 100%，再贷款利率是 1.75%，商业银行对客户发放的贷款利率在 2.25% 左右，这个利率水平现在也是非常低的。首期额度是 3000 亿元，这个工具适用于国有企业、民营企业、混合所有制企业等不同所有制的上市公司。

第三，进一步疏通货币政策传导渠道。央行通过货币政策工具操作影响商业银行等金融机构，再由商业银行传导至企业、居民等经济主体，对其消费、储蓄和投资行为产生实质影响，完成从金融体系到实体经济的政策传导过程。在实际运行中，货币传导机制这场理论上的"高效接力"往往面临诸多现实梗阻，导致传导效率"打折扣"，影响货币政策从金融体系向实体经济的顺畅传导。从现实中看，货币政策是总量工具，但如果结构调不好，总量调控也很难有效发挥作用。部分金融机构有着很强的规模情结，以非理性竞争的方式实现规模的快速扩张，特别是同业空转，资金在金融体系内循环，未流入实体经济，导致同业资产扩张和资产价格上涨。2024 年，在传导上，中国人民银行疏通政策利率传导渠道——明示了主要政策利率，逐步理顺由短及长的利率传导关系；同时，强化利率政策执行，治理资金空转，大力整改手工补息，优化对公存款、同业活期存款利率自律管理，节省了银行的利息支出，为降低社会融资成本、平衡银行可持续发展创造了条件。2025 年，在政策传导上，将进一步完善利率调控框架，持续强化利率政策的执行和监管，对于一些不合理的容易削减政策传导的市场行为加强规范，推动落实银行补充资金等措施，畅通货币政策的传导机制，引导银行科学评估风险，优化信贷结构，提升资源的配置效率。

第四，保持人民币汇率在合理均衡水平上的基本稳定。基本稳定的人民币汇率是吸引国际投资者的重要因素之一，也有助于推进人民币国际化。经济是汇率稳定的基本盘，汇率走势在根本上取决于经济基本面。我国经济复苏基础进一步夯实，将为人民币汇率提供坚实支撑。当前，全球政治经济局势的复杂性和金融市场的剧烈波动可能促使更多国际资本在全球寻求"避风港"，而人民币汇率具有较高的稳定性，中国经济内生增长动力持续增强，人民币资产将受到更多关注。我国国际收支保持平稳，外汇交易者更加成熟，交易行为更加理性，市场韧性显著增强，近期出台的一系列宏观政策明显改善市场预期，经济回稳向好态势进一步巩固增强。这是当前人民币汇率基本保持稳定的根本支撑因素。2024年，国际形势复杂多变，多因素推动美元指数动荡走强，中国外汇市场表现出非常好的韧性，人民币汇率总体上呈现双向波动态势，在复杂形势下保持了基本稳定，在主要货币中表现是比较好的，为中国自主实施货币政策创造了有利条件，对稳经济、稳外贸发挥了积极作用。一是宏观经济大盘更加扎实。2024年9月以来出台的一揽子增量支持政策将持续落地见效，中央经济工作会议部署2025年实施更加积极的财政政策和适度宽松的货币政策，将进一步巩固中国经济回升向好态势。二是国际收支保持基本平衡。2024年中国经常账户顺差为4239亿美元，占GDP比重为2.2%，维持在合理均衡水平，经济延续内外均衡。三是跨境贸易投资更加活跃。2024年企业、个人等非银行部门涉外收支总额为14.3万亿美元，较 2023 年增长 14.6%，规模创历史新高，境内人民币外汇市场交易量超过 41 万亿美元，较 2023 年增长 14.8%。四是我国对外投资较快增长。2024 年 9 月末对外资产存量首次超过 10 万亿美元，来华直接投资资本金、来华证券投资等资金保持净流入。外汇储备余额稳定在 3.2 万亿美元以上，人民币汇率在合理均衡水平上保持基本稳定。下阶段，我国将坚持市场在汇率形成中的决定性作用，保持汇率弹性，综合采取措施，增强外汇市场韧性，稳定市场预期，加强市场管理，坚决对市场顺周期行为进行纠偏，坚决对扰乱市场秩序行为进行处置，坚决防范汇率超调风险，保持人民币汇率在合理均衡水平上的基本稳定。

第六章
有效防范化解重点领域风险

安全是发展的前提，发展是安全的保障。2025年《政府工作报告》要求："有效防范化解重点领域风险，牢牢守住不发生系统性风险底线。更好统筹发展和安全，坚持在发展中逐步化解风险，努力实现高质量发展和高水平安全的良性互动。"在我国进入新发展阶段之后，各类风险因素明显增多，必须坚持统筹发展和安全，把安全发展贯穿国家发展各领域和全过程，增强机遇意识和风险意识，防范和化解影响我国现代化进程的各种风险，筑牢国家安全屏障。

国家安全是中国式现代化行稳致远的重要基础。必须全面贯彻总体国家安全观，完善维护国家安全体制机制，实现高质量发展和高水平安全良性互动，切实保障国家长治久安。党的二十大指出，国家安全是民族复兴的根基，要以新安全格局保障新发展格局，统筹发展和安全，全力战胜前进道路上的各种困难和挑战，依靠顽强斗争打开事业发展新天地。

一、增强忧患意识，着力防范化解重大风险

实现中华民族伟大复兴中国梦，前进的道路上会有各种各样的"拦路虎""绊脚石"，不可能敲锣打鼓、顺顺当当就实现，需要时刻准备应对重大挑战、抵御重大风险、克服重大阻力、解决重大矛盾，需要坚持统筹发展和安全，坚持底线思维。

（一）以新安全格局保障新发展格局

习近平总书记指出："增强忧患意识，做到居安思危，是我们治党治国必须始终坚持的一个重大原则。我们党要巩固执政地位，要团结带领人民坚持和发展中国特色社会主义，保证国家安全是头等大事。"[①]改革开放以来，我们党始终高度重视正确处理改革发展稳定关系，始终把维护国家安全和社会安定作为党和国家的一项基础性工作。新形势下，国际环境继续发生深刻而复杂的变化，我国国家安全面临的威胁和挑战增多，特别是各种威胁和挑战联动效应明显。随着

---

① 《习近平谈治国理政》，外文出版社 2014 年版，第 200 页。

我们事业的不断前进和发展，新情况新问题会越多，面临的风险和挑战会越多，面对的不可预料的事情也会越多。因此，我们一定要居安思危，增强忧患意识、风险意识、责任意识，保持清醒头脑，着力解决经济社会发展中的突出矛盾和问题，有效防范各种潜在风险。如果发生重大风险又扛不住，国家安全就可能面临重大威胁，全面建设社会主义现代化国家的进程就可能被迫中断。我们必须把防风险摆在突出位置，"图之于未萌，虑之于未有"，力争不出现重大风险，或者在出现重大风险时扛得住、过得去。

在全面建成小康社会之后，我国已进入全面建设社会主义现代化国家的新发展阶段。新发展阶段是一个危机并存、危中有机、危可转机的阶段。在这个阶段，机遇更具有战略性、可塑性，挑战更具有复杂性、全局性，挑战前所未有，应对好了，机遇也就前所未有。要以辩证思维看待新发展阶段的新机遇新挑战。从国际来看，贸易保护主义、单边主义上升，世界经济低迷，全球产业链供应链因非经济因素而面临冲击，国际经济、科技、文化、安全、政治等格局都在发生深刻调整，世界进入动荡变革期。今后一个时期，我们将面对更多逆风逆水的外部环境，必须做好应对一系列新的风险挑战的准备。从国内来看，发展环境也经历着深刻变化，发展不平衡不充分问题仍然突出，创新能力不适应高质量发展要求，农业基础还不稳固，城乡区域发展和收入分配差距较大，生态环保任重道远，民生保障存在短板，社会治理还有弱项。进入新发展阶段，国内外环境的深刻变化既带来一系列新机遇，也带来一系列新挑战。我们要辩证认识和把握国内外大势，统筹中华民族伟大复兴战略全局和世界百年未有之大变局，深刻认识我国社会主要矛盾发展变化带来的新特征新要求，深刻认识错综复杂的国际环境带来的新矛盾新挑战。在这样一个新发展阶段，需要我们完整、准确、全面贯彻新发展理念。创新、协调、绿色、开放、共享五大发展理念，作为管全局、管根本、管方向、管长远的战略思想，是党和国家发展思路、发展方向、发展着力点的集中体现。同时需要注意，推动创新发展、协调发展、绿色发展、开放发展、共享发展，前提都是安全。在这样一个新发展阶段，需要我们加快构建新发展格局。2020年5月以来，习近平总书记多次强调要"形成以国内大循环为主体、国内国际双循环相互促进的新发展格局"。推动形成双循环新发展格局，是未来我国经济发展的方向，更是"十四五"时期我国经济改革发展的着眼点。新发展格局是根据我国发展阶段、环境、条件变化提出来的，是重塑我国国际合作和竞争新优势的战略抉择，是我国努力在危机中育新机、于变局中开新局的重要抓手。双循环新发展格局既强调供给侧和需求侧的统一，又强调国内国际双循环的相互促进，还强调改革、发展与安全的全方位统筹。构建新发展格局是推动我国经济高质量发展的现实需要，是维护我国经济安全的主动选择。

以新安全格局保障新发展格局，要求我们坚持独立自主的外交基本原则。独立自主是我国长期发展积累的宝贵经验，是国家制度和国家治理体系的优势所在，更是推动我国经济持续健康发展的根本保障。双循环新发展格局强调以国内大循环为主体，强调"独立自主"，但绝不意味着我国经济要与国际经济主动脱钩，而是要顺应国内外形势变化，从"国际循环带动国内循环"转变为"国内循环推动国际循环"，在更高水平上推进对外开放。实践也证明，大国经济如果没有独立自主作为保障，在关键领域过多依赖于其他国家，对外开放的战略就会受制于其他国家。

（二）必须把防风险摆在突出位置

习近平总书记指出："我们面临的重大风险，既包括国内的经济、政治、意识形态、社会风险以及来自自然界的风险，也包括国际经济、政治、军事风险等。"[①]

首先，经济转型期各类风险不断累积。我国经济正处在转变发展方式、优化经济结构、转换增长动力的攻关期，经济发展前景向好，但也面临着结构性、体制性、周期性问题相互交织所带来的困难和挑战，面临着跨越"中等收入陷阱"并向高收入国家迈进过程中所遭遇的种种问题，加上新冠疫情冲击，我国经济运行面临较大压力，推进供给侧结构性改革过程中不可避免会遇到一些困难和挑战，经济运行稳中有变、变中有忧。过去，经济高速发展掩盖了一些矛盾和风险。现在，伴随着经济增速下调，各类隐性风险逐步显性化。

其次，金融风险易发高发。"虽然系统性风险总体可控，但不良资产风险、流动性风险、债券违约风险、影子银行风险、外部冲击风险、房地产泡沫风险、政府债务风险、互联网金融风险等正在累积，金融市场上也乱象丛生。"[②]2015年资本市场的剧烈波动说明，现行监管框架存在着不适应我国金融业发展的体制性矛盾，操纵市场和幕后交易的"金融大鳄"严重影响金融市场的健康发展。金融市场乱象丛生是引发系统性风险的重大隐患，包括乱办金融、非法集资、乱搞同业、乱加杠杆、乱做表外业务、违法违规套利等严重干扰金融市场的行为。还有一些机构打着"高大上"旗号，设计出花样百出的庞氏骗

---

① 习近平：《论坚持全面深化改革》，中央文献出版社2018年版，第182页。
② 中共中央党史和文献研究院编：《习近平关于防范风险挑战、应对突发事件论述摘编》，中央文献出版社2020年版，第58页。

局，增加金融风险隐患。

最后，国际经济合作和竞争局面正在发生深刻变化，应对外部经济风险、维护国家经济安全的压力也是过去所不能比拟的，风险挑战不容忽视，而且都是更深层次的风险挑战。贸易保护主义、单边主义抬头，逆全球化思潮涌动，国际交往受限，国际经贸规则制定出现政治化、碎片化苗头，世界经济深度衰退，国际贸易和投资大幅萎缩，国际金融市场动荡，地缘政治风险不断上升。

（三）提高风险化解能力

防范化解重大风险，关键在于办好自己的事。当今世界正经历百年未有之大变局，我国发展的外部环境日趋复杂。防范化解各类风险隐患，积极应对外部环境变化带来的冲击挑战，关键在于办好自己的事，提高发展质量，提高国际竞争力，增强国家综合实力和抵御风险能力，有效维护国家安全，实现经济行稳致远、社会和谐安定。经济、社会、文化、生态等各领域都要体现高质量发展的要求。[①]改革开放以来，我们遭遇过很多外部风险冲击，最终都能化险为夷，靠的就是办好自己的事、把发展立足点放在国内，明确以经济建设为中心是兴国之要，发展仍然是解决我国所有问题的关键。只有推动经济持续健康发展，才能筑牢国家繁荣富强、人民幸福安康、社会和谐稳定的物质基础。

防范化解重大风险，需要坚持底线思维，维护大局稳定。凡事要从坏处准备，努力争取最好结果，做到有备无患。既要防范增长速度滑出底线，又要理性对待高速增长转向中高速增长的新常态。"做好'六稳'工作、落实'六保'任务至关重要。'六保'是我们应对各种

---

① 参见本书编写组：《〈中共中央关于制定国民经济和社会发展第十四个五年规划和二〇三五年远景目标的建议〉辅导读本》，人民出版社 2020 年版，第 56 页。

风险挑战的重要保证。要全面强化稳就业举措，强化困难群众基本生活保障，帮扶中小微企业渡过难关，做到粮食生产稳字当头、煤电油气安全稳定供应，保产业链供应链稳定，保障基层公共服务。"① 坚持底线思维和坚持稳中求进工作总基调是一致的，"稳"的重点要放在稳住经济运行上，确保增长、就业、物价不出现大的波动，确保金融不出现区域性系统性风险。

防范化解重大风险，需要坚持系统观念。面对错综复杂的国际形势、艰巨繁重的国内改革发展稳定任务，需要坚持系统观念。系统观念是具有基础性的思想和工作方法，是辩证唯物主义的重要认识论方法论。要加强前瞻性思考、全局性谋划、战略性布局、整体性推进，统筹国内国际两个大局，办好发展安全两件大事，坚持全国一盘棋，更好发挥中央、地方和各方面积极性，着力固根基、扬优势、补短板、强弱项。②"十个指头弹钢琴"，既坚持全面系统地推动，又以重点领域和关键环节的突破作为带动，只有如此，才能真正防范化解重大风险挑战。

二、持续用力推动房地产市场止跌回稳

金融风险往往同经济过度房地产化密不可分。2025 年《政府工作报告》指出，加快构建房地产发展新模式，继续做好保交房工作，有效防范房企债务违约风险。房地产市场充当了过量流动性的蓄水

---

① 参见中共中央党史和文献研究院编：《习近平关于防范风险挑战、应对突发事件论述摘编》，中央文献出版社 2020 年版，第 65—66 页。

② 参见本书编写组：《〈中共中央关于制定国民经济和社会发展第十四个五年规划和二〇三五年远景目标的建议〉辅导读本》，人民出版社 2020 年版，第 17 页。

池。房地产企业和金融机构相互渗透，使经济增长、财政收入、银行资产及利润等对房地产业形成高度依赖，房价不断高涨也使要素配置日益扭曲。要建立房地产健康发展的长效机制，要坚持"房子是用来住的、不是用来炒的"这个定位。要更加重视对需求侧的管理，引导好预期，同时要完善土地供应制度，采取更科学的土地供应方式，防止房价大起大落。要按照供给侧结构性改革的思路，完善住房供给体系，有效调整供给结构，在有条件的大城市以多种方式努力增加租赁住房供应，合理引导大中小城市空间布局。要积极推动房地产税改革，促进房地产调控走出困局。

促进金融与房地产良性循环，健全房地产企业主体监管制度和资金监管，完善房地产金融宏观审慎管理，一视同仁满足不同所有制房地产企业合理融资需求，因城施策用好政策工具箱，更好支持刚性和改善性住房需求，加快保障性住房等"三大工程"建设，构建房地产发展新模式。因城施策调减限制性措施，加力实施城中村和危旧房改造，充分释放刚性和改善性住房需求潜力。优化城市空间结构和土地利用方式，合理控制新增房地产用地供应。盘活存量用地和商办用房，推进收购存量商品房，在收购主体、价格和用途方面给予城市政府更大自主权。拓宽保障性住房再贷款使用范围。发挥房地产融资协调机制作用，有序搭建相关基础性制度，适应人民群众高品质居住需要，完善标准规范，推动建设安全、舒适、绿色、智慧的"好房子"。

三、稳妥化解地方政府债务风险

2025 年《政府工作报告》要求，坚持在发展中化债、在化债中发展，完善和落实一揽子化债方案，优化考核和管控措施，动态调整债务高风险地区名单，支持打开新的投资空间。防范化解地方债务风险是事关发展和安全、民生福祉、财政可持续运行的重大问题。地方债务风险带来的经济后果从来不局限于其本身，关键在于与多方位风险的联动。其中，地方债务风险与金融风险之间由于关联性，形成了螺旋效应。化债工作既是攻坚战，更是持久战，需要强化责任意识和系统观念，妥善化解存量债务风险，严防新增债务风险，坚持"开前门"和"堵后门"并举。处置地方政府隐性债务可能会加大经济下行的压力，所以在处置过程中需要把握好政策的速度、力度和节奏，走渐进式的隐性债务处置道路。按照科学分类、精准置换的原则，做好地方政府隐性债务置换工作。在化债过程中，需要安排一定规模的再融资政府债券，支持地方特别是高风险地区化解隐性债务和清理政府拖欠企业账款等，缓释到期债务集中偿还压力，降低利息支出负担。加快剥离地方融资平台政府融资功能，推动市场化转型和债务风险化解。统筹好地方债务风险化解和稳定发展，需要经济大省真正挑起大梁，为稳定全国经济作出更大贡献；需要建立防范化解地方债务风险的长效机制，建立同高质量发展相适应的政府债务管理机制，优化中央和地方政府债务结构。化债的过程是一个统筹发展和安全的过程，需要在高质量发展中推进债务风险化解，以化债为契机倒逼发展方式转型，在改革创新上迈出更大步伐，在化解债务风险中找到新的发展路径。完善政府债务管理制度，坚决遏制违规举债冲动。债务不仅是财政部门的事情，很大程度上与政府职能转变相关，缩减地方政府财政支出首先要做的就是让市场在资源配置中起决定性作用。地方政府的投资应侧重于提供公共产品和服务，要聚焦于社保、教育、生育、养老、医疗等民生领域。

四、积极防范金融领域风险

　　党的二十届三中全会通过的《决定》提出要制定金融法，就是要切实提高金融监管有效性，依法将所有金融活动全部纳入监管。健全金融监管体系，加强跨部门合作，强化央地监管协同，保持对非法金融活动的高压严打态势。全面强化机构监管、行为监管、功能监管、穿透式监管、持续监管，消除监管空白和盲区，严格执法、敢于亮剑，严厉打击非法金融活动。机构监管与功能监管互为补充，行为监管要更加重视保护消费者，穿透式监管就是要紧盯金融风险本质，解决"多层嵌套"的问题，持续监管就是要保证监管在时间上的连续性。加强金融监管，需要坚持金融持牌经营的原则，绝不能把从事金融业务的平台机构仅仅定位为科技公司。金融机构不同于普通企业，一旦出问题就可能引发系统性金融风险。金融监管要"长牙带刺"、有棱有角，实现金融监管横向到边、纵向到底。金融的特性要求金融监管必须从严，要对金融市场和金融机构依法监管，对非法金融活动更要严格禁止、严厉打击，如此才能更好防范金融风险并维护投资者利益。金融监管既要消除监管空白和盲区，又要谨防"害群之马"扰乱市场。金融领域的风险具有较强的传染性和危害性，更不能"无照驾驶"。既要对非法集资和地下钱庄加大惩处力度，又要对违法犯罪金融活动敢于亮剑，严厉打击非法金融活动，更要对操纵市场和幕后交易的"金融大鳄""猫鼠一家"的监管人员形成威慑。按照市场化、法治化原则，一体推进地方中小金融机构风险处置和转型发展，综合采取补充资本金、兼并重组、市场退出等方式分类化解风险。完善中小金融机构功能定位和治理机制，推动实现差异化、内涵式发展。

完善应对外部风险冲击预案，有效维护金融安全稳定。金融风险包括外部冲击的风险，特别是美国作为国际金融规则制定者和美元作为核心国际储备货币带来的风险，谨防美国金融制裁。我国需要运用全方位的战略思维，维护自身的金融安全。我国在 2010 年成为世界第二大经济体，为人民币国际化奠定了经济基础。稳步推动人民币国际化，必将增强我国应对外部冲击风险的能力。推动人民币国际化，既要做到积极作为，又要做到顺其自然，尊重市场规律，更要防范人民币国际化带来的新的风险，要在保障经济和金融平稳运行中推动人民币国际化。在实践中，截至 2025 年 5 月 31 日，中国人民银行已经与32 个国家和地区的中央银行或货币当局签署双边本币互换协议，这能确保在新的市场动荡中有备用的人民币流动性可供使用。人民币需求增加，这不仅有助于分散各国外汇储备的风险，而且从长期看，将减弱对美元的系统性依赖。下一步，共建"一带一路"沿线投资将成为推动人民币国际化的重要动力。共建"一带一路"所追求的设施联通需要大量资金投入，这个过程激发了国际社会对人民币的资金需求；共建"一带一路"所追求的贸易畅通需要投资和贸易的便利化，更需要有效规避汇率波动风险的机制，加大人民币在贸易结算中使用的比例，满足贸易各方的需求；共建"一带一路"所追求的资金融通既有助于推动人民币跨境支付系统的使用，更好发挥人民币支付和结算的功能，还有助于加大共建"一带一路"国家和地区货币互换的规模。

五、以金融供给侧结构性改革有效维护金融安全

"黑天鹅"事件是无法预知的事件，任何人都不要妄想会预测到

下一个"黑天鹅"事件。"黑天鹅"事件很难预测，但脆弱性是可以衡量和判断的，没有"灰犀牛"的"配合"，"黑天鹅"扇不起大的风浪。我国要应对"黑天鹅"事件的冲击，关键就是以金融供给侧结构性改革降低金融脆弱性，消除金融风险隐患点。防范化解重大金融风险是金融工作的重要任务，但并不意味着就此"因噎废食"。防范化解金融风险，坚决不能躲进小楼成一统，而是要扬帆大海经风浪，坚定不移推进金融供给侧结构性改革，在深化改革和高水平开放中提高防控风险的能力，改革必然海阔天空，守旧未必风平浪静。深化金融供给侧结构性改革，就是要紧紧围绕服务实体经济这一根本目标，守住不发生系统性金融风险这一基本底线，用好政府与市场"两只手"。以资本市场改革、利率市场化改革、普惠金融战略实施、加强金融监管和推进人民币国际化等改革为抓手，推进金融供给侧结构性改革，搭建金融服务实体经济和有效防控金融风险的"四梁八柱"。

资本市场在金融运行中具有牵一发而动全身的作用，要通过深化改革，打造一个规范、透明、开放、有活力、有韧性的资本市场。我国资本市场发展虽然取得了显著成就，但仍是我国金融市场体系的短板，具有明显的发展不平衡和不充分等特点，不能有效满足国家战略和经济转型升级需要，且波动性大，缺少中长期稳定局面，不利于市场的发展。投资者结构不合理、监管不成熟、上市公司质量不高等问题还没有得到很好解决。我国需要一个既能推动经济增长、有效配置资源，又能平滑经济波动、合理分散风险，同时还能使居民分享经济增长的财富效应的资本市场。建立这样一个结构合理、功能强大的资本市场意义重大，关系到国家治理体系和治理能力现代化，也关系到社会主义现代化强国的建设。2025年《政府工作报告》中明确指出，要深化资本市场投融资综合改革。长期以来，我国过度依赖于以银行为主的间接融资体系，这必然导致企业的杠杆率居高不下，金融风险不断增加。解决这一问题的根本举措在于发展和做大做强资本市场，提高直接融资比重。在我国经济由高速增长迈向高质量发展的关键阶段，资本市场的市场化资源配置功能将在调整产业结构并构建创新型经济体系中起到核心作用，资本市场是"科技金融"这篇大文章的"主战场"。资本市场不仅有着融资的功能，还有着投资的功能；不仅是一个配置资源的市场，还是一个财富管理的市场。要重视资本市场的投资回报，采取切实措施，改变部分上市公司重上市、重筹资、轻回报的状况，提高上市公司整体质量，为投资者提供分享经济增长成果、增加财富的机会。

第七章
加快发展首发经济

    首发是一种商业活动，顾名思义是产品、技术、服务等首次发布、首次展示。首发经济是以首发活动链接供给与需求，通过创新的产品、技术和服务供给激发消费者的潜在需求，在短时间内形成消费热点的新型经济形态。首发经济突出以"新"扩需、以"新"求胜和以"新"得势，正在成为扩大内需、提振消费的重要着力点。

近年来，我国首发经济从无到有，发展势头十分迅猛，内涵不断丰富，从新品发布延伸到首店、首秀、首展等多种形式，从新品首发扩展到品牌首发、技术首发、模式首发、业态首发等，正在形成以创新活动为核心的全产业链全生态链经济形态。首发经济正在成为城市拉动线下消费的重要领域，一线城市通过大力发展首发经济引入国内外知名品牌，打造时尚消费的高地；二三四线城市也能够以首发经济为路径因地制宜发展具有本地特色的商业消费产业。首发经济正是促进消费升级、推动产业转型的重要抓手。

2024年，"积极推进首发经济"被写入党的二十届三中全会文件，标志着加快发展首发经济已经上升到国家战略层面，成为推进高质量发展和有效扩大内需的重要抓手。同年12月，中央经济工作会议在谋划来年经济工作重点任务时将"大力提振消费、提高投资效益，全方位扩大国内需求"作为首位任务，特别提到"创新多元化消费场景，扩大服务消费"，要求各地各部门要积极发展首发经济。2025年《政府工作报告》强调坚持以人民为中心，经济政策的着力点更多转向惠民生、促消费，以消费提振畅通经济循环，以消费升级引领产业升级，在保障和改善民生中打造新的经济增长点。加快发展首发经济正当其时，大有作为。

一、首发经济的内涵与特征

首发经济是在首店经济基础上不断拓展和丰富下形成的。随着中国式现代化的推进，人民群众对产品和服务的消费需求正在发生重大的结构性变化：必需品的支出占比下降，非必需品的占比上升；

对产品的新颖性有了更高的要求；不仅追求产品质量，而且追求品牌的情感价值；消费过程不单是消费产品，同时也重视消费体验。这些需求结构的重大变化，客观上要求更加新颖，更注重消费体验，更强调与客户互动交流的营销方式和经济形态，首发经济由此应运而生。

（一）首发经济的内涵

首发经济是指以新产品、新技术、新服务、新场景的首次发布为核心，通过创新活动吸引消费者注意力并激发潜在消费需求的新型经济活动形态。首发经济的本质是创新，通过技术概念——技术研发——产品开发——产品展示——场景展示——活动展览等全创新链和产业链的活力，满足消费者对新颖性和品质感的价值追求，通过首次使用创造出顾客被认可和被尊重的产品价值之外的附加体验价值，起到推动消费升级和激发消费欲望的作用。

首发经济最初起源于"首店经济"。"首店"一词最早出现在国际知名品牌进驻中国的新闻报道中，指的是在某一特定区域范围内设立的第一家门店。首店开设辅以大量的广告宣传，可以迅速吸引消费者的注意力，助推产品销售，提升品牌知名度。首店经济是围绕首店开设的经济活动，经历了"品牌开设新门店——城市购物中心商圈集聚——城市消费品牌推广"3个阶段。企业对首店设立的宣传大多结合企业宣传和品牌形象传播，目标是提升企业知名度和美誉度。城市购物中心对首店甚至是多个品牌的首店宣传，大多是借助知名品牌的影响力和号召力，提升商圈对消费者的吸引力。真正让首店经济成为一种新兴经济形态得到迅速发展的契机是地方政府认识到知名品牌的首店开设对提升城市消费层级和品质形象的独特作用，故而地方政府采取有效措施鼓励和支持国内外知名品牌在该地开设首家门店，借知名品牌的号召力和影响力吸引消费者的注意力，刺激消费需求、提升消费体验感和满意度，带动相关产业的发展。比如，2024年3月21日，苹果公司在上海开设全球旗舰店，苹果公司的CEO蒂姆·库克到现场同顾客互动。为了迎接新店开业，上百名顾客提前几个小时就在店门口排队等候。从企业的角度出发，首店开设能够在新市场同消费者建立密切联系，更好地了解顾客的需求，以客户为中心设计和提供产品。从当地政府的角度出发，吸引国际知名品牌落户开店可以迅速提升商圈和城市的形象以及市场影响力。

上海是首店经济的先行者。2015年，上海率先提出抢抓首店经济，在这一战略的推动下，上海成为全球品牌的聚集地，众多企业竞相开设全球首店或旗舰店，并进行新品首发。上海聚焦于品牌首店的开设。首届中国国际进口博览会举办以来，累计引进首店7065家，其中亚洲级别以上首店达102家。上海已成为越来越多国内外品牌新品首发、首秀、首展以及开设首店的首选之地。静安区是首店经济最发达的区域：2024年，新增首店234家，包括始祖鸟全球首家博物馆概念店、LVMH（路威酩轩）亚洲首店。在南京西路商圈2公里内聚集2000余个国际品牌，每平方米商业面积年产出超10万元。据统计，首店入驻可使商圈客流提升30%，周边物业价值年均增长8%。静安区社会消费品零售总额连续3年位列上海中心城区第一，首店经济贡献率超40%。①

从首店经济到首发经济，"首发"的内容不断丰富，市场影响力也更大，逐渐形成了从新产品到新应用，从新技术到新机构的全产业

---

① 参见何以弘：《首发经济：上海首店的升级消费新名片》，《上海工运》2025年2月25日。

链首发活动和全产业生态增值体系。首发经济的外延包含三个层次：一是企业层次的首发活动，从活动内容上可以划分为新技术首发、新产品首发、新商业模式首发、新业态首发、新应用场景首发、新门店首发、新机构（如研发中心）首发等；从发布的规模层级上可以划分为全球首发、全国首发和区域首发。二是行业层面的首发活动，行业中多个企业和品牌围绕某一主题集中发布新产品和新技术，比如服装周、博览会、产业展览、购物中心首发活动等。三是地理区域层面的首发活动，比如在城市推出的消费主题活动、高科技展览、商品博览会等。首发经济是以创新活动吸引社会和消费者的注意力，创造新闻话题，激发消费欲望，带动企业不断地推陈出新。首发经济不仅仅是一场发布会或者一次新闻活动，还是持续吸引消费者注意力的经济形态，通过新产品和新技术让消费者印象深刻、持续关注，背后是高科技和高质量支撑的商业价值。

首发经济的内涵可以从"高""新""异""融"四个方面来理解。首先，首发经济中主体是具有高技术和高品牌价值的企业。首发活动要能够迅速吸引消费者，形成营销热点，要求企业必须有足够强大的技术优势和品牌优势。比如，首店经济中一定是已经有相当高的品牌知名度的企业开设门店，企业拥有对品牌忠诚的顾客群体，也有开发新产品的技术实力。其次，首发经济最吸引消费者的是产品和服务的新颖性。新的产品和新的形式总是能吸引消费者的注意力，进而激发购买欲望。在市场供求关系总体上供大于求的时代里，消费者的注意力是最宝贵的市场资源，新鲜奇特的产品或者场景总是更能吸引消费者的注意力。再次，首发经济中强调企业通过差异化的竞争策略来赢得竞争优势。从企业通用的竞争策略上看，主要的竞争优势建立在两个维度上，一是成本优势，企业通过比竞争对手更低的价格提供产品；另一个是差异化优势，企业努力用更好的性能、更快的速度和更好的服务来满足消费者。从我国的市场竞争格局来看，单纯追求低成本的竞争策略面临着产能过剩、市场内卷、企业研发能力薄弱等问题，很难支撑企业长期可持续发展。截至2024年底，我国有超过4亿的中等收入群体，到2035年中等收入群体的规模还要扩大一倍，消费者的购买能力是不断提高的，相应的企业提供的产品和服务也要有更多的高技术和高品质的选择。因此，下一步企业要摆脱市场竞争中低效率的"内卷"，就必须选择将更多的资源投入创造产品和服务的差异化中。需要注意的是，差异化必须围绕顾客，从顾客的角度出发设计和研发，最终为顾客所接受。首发经济的活力在于它为企业差异化的产品和服务提供了足够多的展示和亮相的机会，短时间内吸引消费者的注意力，能够为企业针对顾客需求快速改进和迭代产品提供机会。最后，首发经济是融合了新技术、新产品、新模式等的全链条商圈经济形态，是以首次发布为契机和热点的活动为起点，强调集新产品的设计、研发、展示、推广、销售、售后服务于一体的全链条的供给与消费、产业与市场、企业与城市的融合互动。

（二）首发经济的特征

1.创新驱动性

首发经济最显著的特征就是创新性，企业为市场提供前所未有的产品、服务和价值。经济学家熊彼特早在一百多年前就指出，创新活动是企业家的全部任务。技术发明可能由技工和工程师来完成，但是发明如果仅仅停留在企业内部就不可能创造价值。把发明推向市场，让发明得到商业化的应用，并最终为市场所接受，这才是创新活动。熊彼特指出创新活动的形式多种多样，具体可以概括为五类：新产品、新工艺、新市场、新的供应来源和新的组织形式。首发经济是以创新为主要动力的经济形态，无论是新产品开发、新技术应用，还是新的商业模式和新业态，都是从无到有的创新活动。通过前所未有、与众不同的消费体验，激发顾客的好奇心和购买欲望。因此，首发经济就是创新经济，以创新活动激发消费者的购买欲望，最终实现企业的经营目标和价值增值。

近年来，内需不足、消费不振一直是影响我国经济高质量发展的突出问题。消费不振的原因是多方面的，比如低收入群体购买能力不足，中等收入群体收入预期不好，社会保障兜底作用不够，等等。但是，消费欲望没有得到充分激发也是一个重要原因，比如，大中小城市中的购物广场越来越多，装修越来越豪华，但是购物的顾客人数却越来越少，很多门店门可罗雀，购物广场事实上变成了美食广场。究其原因，满足衣食住行必要消费的产品在网上购买更具价格优势。企业如果只停留在满足必要消费上，其结果必然是市场空间有限、同行业竞争激烈，大量的生产能力追逐有限的市场需求，企业间卷市场、卷价格、卷成本。大力发展首发经济，就是要跳出满足必要消费的层级，满足消费者更高层次的需求，包括情感消费、体验消费、服务消费等，通过在产品基本功能之外增加品牌、品质和服务，让消费者更有欲望购买产品。

2.链式发展性

首发经济并非孤立的首次发布行为，而是涵盖了从新品研发、发布、展示、推广到销售的完整生态链。它注重创新成果的首次亮相以及随之而来的持续发展效应。企业通过首发活动吸引消费者和市场的关注后，需要通过完善的产业链支持，将创新成果转化为持续的市场竞争力。以特斯拉为例，其不仅通过首发新型电动汽车吸引全球目光，还在电池技术研发、充电设施建设、售后服务完善等产业链环节不断投入和发展，形成了从产品创新到产业生态构建的链式发展模式。

3. 引领潮流性

首发经济具有时尚、品质、新潮的特质，与消费升级趋势和高质量发展要求高度契合。首发的产品和服务往往代表了当下最前沿的设计理念、最先进的技术应用以及最高品质的标准，能够满足消费者日益多样化、个性化、品质化的消费需求，从而引领消费潮流。例如，一些国际知名时尚品牌的新品首发秀，不仅展示了最新的时尚设计，还通过独特的展示方式和营销手段，塑造了时尚潮流的风向标，引导消费者的审美和消费观念。

4. 资源整合性

首发经济是商圈经济、消费体验经济，强调打造新的消费场景，让消费者在具体的场景中体验一站式购物的便捷性以及体验式购物的新颖性。比如，2024 年上海国际美妆节，汇聚 35 个知名美妆品牌，众多品牌首次亮相上海国际美妆节。活动期间，联动小红书、抖音等流量平台，共同打造美妆首发直播矩阵，33 款品牌新品线上线下联动，为广大消费者带来更加精彩的"美丽"消费体验。首发经济的发展需要企业品牌价值与所在区域的资源实现深度耦合。区域的经济实力、文化底蕴、商业环境、消费能力以及政策支持等资源，为首发经济的落地和发展提供了土壤。同时，首发经济的繁荣也能够提升区域的商业活力、品牌形象和国际影响力。以上海为例，其雄厚的经济基础、开放的国际视野、深厚的商业传统以及完善的政策支持体系，吸引了大量国内外品牌在此进行首发活动和开设首店，实现了品牌与城市的互利共赢。

二、加快发展首发经济的重大战略意义

首发经济作为一种新兴的消费经济形态，在实践中已经显示出对提振消费和提升消费层级的强劲带动作用。同时，首发经济对于激励企业创新，推动城市经济和区域经济高质量发展也显示出不可或缺的作用。

（一）以新供给创造新需求，有助于提振消费、释放潜在购买需求

消费是拉动经济增长的重要引擎。在经济高质量发展阶段，我国经济发展进入结构性调整时期，发展动力要从投资驱动转变为创新驱动，拉动经济增长的"三驾马车"，即投资、消费、净出口在结构上也面临调整，消费在拉动经济增长方面要发挥更大的作用。从国际经验的借鉴上看，发达国家在现代化进程中呈现出投资贡献率先提升后降低，消费贡献率则是不断提升，最终成为拉动经济增长的主引擎。我国在经济结构调整中存在的一个突出问题是消费不振，最终消费占 GDP 的比重偏低，拖累了经济结构转型升级的进程。如何有效激发消费潜力，提振消费信心，推动我国经济从高速增长转向高质量发展，是当前经济发展的核心问题之一。

首店经济的本质是新供给创造新需求。星巴克烘焙工坊将咖啡工厂搬入商场，消费者可目睹咖啡豆从烘焙到冲泡的全过程；波司登全球体验店内，零下 30℃冰雪屋与滑雪机让羽绒服购买变成沉浸式冒险。这种"场景革命"打破了传统零售的边界。当前，人民群众对美好生活的向往和需要已经从过去"有没有"的必需品消费更

多地转向"好不好"的品质型消费，消费需求呈现出多样性、个性化和多层次的特点。但是，产品和服务的供给没有跟上已经升级的消费需求，高科技、高品质的产品和服务的供给存在不足，特别是在改善型消费、服务型消费、体验型消费等领域的供给不足，导致供给和需求之间出现结构性矛盾。首发经济就是以高品质的新供给创造和满足已经升级的消费需求，满足人民对于高新技术、绿色环保、健康安全、情感共鸣等更高层次的消费需求，充分发挥新技术、新品牌和新模式对消费的刺激和带动作用，增加产品和服务的细分赛道、交叉领域和沉浸式体验场景，最终起到提振消费和提升消费层级的作用。

（二）以市场需求引领技术创新，有助于发展新质生产力

新质生产力是以创新为主导的先进生产力，具有高科技、高效能和高质量的特征。2023 年，习近平总书记在地方考察调研期间提出加快发展新质生产力这一重大判断后，该判断迅速成为指导高质量发展的重要理论依据。在实践中，各地区、各领域和各个企业在不断探索因地制宜发展新质生产力的具体路径。发展新质生产力的根本路径是打通从研发高技术到提供高价值的通道，让高技术在生产环节产生高效能，最终高质量的产品和服务在市场中被消费者认可。从新技术到新产品，再到新兴产业的技术创新过程往往是漫长而曲折的，技术创新充满着不确定性，除了技术路径选择的不确定外，更加充满风险的是市场认可度的不确定性。创新过程中的"死亡之谷"就是指市场对技术的信心和期望值迅速下降导致的投资萎缩和技术创新中断。首发经济能够给新技术和新产品提供展示的平台，在比较短的时间内吸引消费者的注意力，有助于早期消费者使用产品，也有助于缩短从早

期消费者群体扩散到大众消费的时间。

对于企业来说，首发经济为其提供了新技术应用的舞台。新技术不仅能够带来直接的经济回报，更为重要的是为企业打造独特的品牌形象和市场地位提供了机会。我国企业群体已经普遍认识到发展新质生产力的重要性和加大企业研发投入的必要性，但是在现实中，由于知识产权保护和应用还不完善，全国统一大市场还在建设过程中，所以企业对将大量的资源投入研发，走高科技的发展道路还有很多顾虑。首发经济是以创新活动为核心的经济，能够让敢于长期坚持创新驱动发展的企业脱颖而出，让真正做研发的企业得到市场和消费者的关注，形成创新链和产业链的无缝衔接。

（三）推动品牌建设与城市发展的良性互动，有助于带动城市经济发展

首发经济是城市经济发展的重要抓手，以首发活动聚人气，以品牌建设提品质，以城市建设促发展，实现"产——城——人"的良性互动。地方政府通过政策引导和资源投入鼓励和支持有品牌影响力的企业入驻聚集，带动城市消费规模、消费能力和消费层级的发展，形成全链条完整的消费生态圈，为城市的第三产业发展创造更优质的产业生态和创新环境。首发经济不仅可以提升城市的商业活力，也是带动城市投资的重要方面。首发经济具有影响力大、活动曝光率高、企业聚集度高等特点，有利于提升城市品质和知名度。

在首发经济的发展过程中，品牌内在的文化意蕴同地域文化内涵的互动和耦合非常重要，价值契合的品牌文化和地域文化的相互撞击和共振，能够给消费者留下难以忘怀的深刻印象。首发经济能够作为一个重要契机，带动地域文化的活化利用，通过城市文化挖掘、文化

场景打造和文化价值呈现，让传统文化在现代工业和现代商业中得到活化利用。比如，上海作为一座具有深厚历史文化底蕴的城市，通过首店经济的推动，将历史建筑与现代商业完美融合。张园石库门建筑群内，路易威登家居全球首店与沪上老字号共生；苏州河畔仓库旧址变身蓝瓶咖啡中国首店，单日销量破亚洲纪录。这种"历史空间＋首店经济"模式，让商业焕新与文脉传承共振。据统计，2024年上海历史建筑改造首店达89家，贡献文旅消费超120亿元。

三、首发经济面临的问题和挑战

首发经济发展态势迅猛的同时，我们也要看到其健康发展面临的一系列问题和挑战。

（一）市场竞争激烈导致品牌生存压力大

随着首发经济的火热发展，越来越多的品牌和企业涌入这一领域，市场竞争日益激烈。众多品牌为了在首发经济中抢占先机，纷纷加大在产品研发、品牌推广和市场拓展方面的投入。然而，市场的容纳度和消费者的购买力是有限的，这就导致许多品牌在首发后面临巨大的生存压力。特别是对于一些新兴品牌和中小企业而言，由于缺乏足够的资金和品牌影响力，在激烈的市场竞争中往往难以立足。例如，在餐饮首店领域，上海餐饮类首店3年存活率不足45%，部分首店陷入"开幕即巅峰"困境，过度依赖"打卡经济"导致复购率低，业态创新停留在表面，难以持续吸引消费者。

（二）创新能力不足难以持续引领潮流

首发经济的核心在于创新，但目前部分企业在创新能力方面存在不足。一方面，一些企业在产品研发和服务创新上投入不足，缺乏专业的研发团队和创新机制，导致首发的产品和服务缺乏独特性和竞争力，难以满足消费者日益多样化和个性化的需求；另一方面，一些企业虽然能够推出创新的产品和服务，但在后续的持续创新和升级方面乏力，无法保持领先地位，容易被竞争对手模仿和超越。例如，在一些新兴的消费领域，如共享经济、无人零售等，虽然初期出现了一些创新的商业模式和产品，但由于企业缺乏持续创新能力，市场很快陷入同质化竞争，许多企业最终走向失败。

（三）知识产权保护不到位影响创新积极性

知识产权保护是首发经济健康发展的重要保障。然而，目前我国在知识产权保护方面还存在一些问题，这在一定程度上影响了企业创新的积极性。一些品牌的首发产品和创新成果容易被抄袭和模仿，企业维权成本高、周期长，导致企业的创新投入无法得到有效的回报。例如，某潮牌首店新品上市一周即遭山寨，维权成本高达销售额的20%。这种现象不仅损害了企业的利益，也破坏了市场的创新环境，阻碍了首发经济的可持续发展。

（四）城市配套服务与治理水平有待提升

首发经济的发展对城市的配套服务和治理水平提出了更高的要求。一方面，城市需要提供完善的基础设施、便捷的交通网络、优质的商业环境以及专业的服务支持，以满足品牌首发活动和首店运营的需求。然而，一些城市在这些方面还存在不足，如商业设施老化、交通拥堵、服务效率低下等问题，影响了品牌的入驻和发展。另一方面，随着首发经济的发展，一些新的问题也逐渐显现，如网红首店引发的交通拥堵、噪声投诉等现象，考验着城市的精细化治理能力。如果城市不能及时提升配套服务和治理水平，将制约首发经济的进一步发展。

四、加快发展首发经济的对策措施

为了有效应对首发经济面临的挑战，推动其健康快速发展，需要从政府、企业和社会三个层面出发，制定并实施一系列策略。

（一）政府层面的政策支持与引导

1. 完善政策体系，加大资金支持力度

政府应进一步完善首发经济的政策体系，针对首发、首秀、首展和首店不同的形态，制定有针对性的奖励和资助政策。例如，2024年，上海市出台《关于进一步促进上海市首发经济高质量发展的若干措施》，对于首店、首发、首秀和首展等给予具体的政策支持和资金奖励。其中，支持具有引领性的国内外品牌在上海开设高能级首店，对亚洲及以上级别首店予以100万元的一次性奖励。对在"首发上海"活动期间开设的亚洲及以上级别首店，予以120万元的一次性奖励。鼓励更多高品质、高流量的国内外品牌来沪举办首发、首秀、首展，按照活动的新品能级、参与人数、活动效益、媒体宣传等维度进行评价，对活动主办方场地租赁、展场搭建、宣传推广等按实际投入的

30%，给予最高 100 万元的补贴。对在"首发上海"活动期间举办的具有国际影响力和市场引领性活动，其场地租赁、展场搭建、宣传推广等按实际投入的 30%，给予最高 120 万元的补贴。支持专业机构开展全国首创性的评价指标体系建设、全球传播推介、行业高峰论坛等，对专业机构组织开展的相关项目按实际投入的 30%，给予最高 100 万元的资金支持。

2. 优化营商环境，简化行政审批流程

政府要致力于营造良好的营商环境，为品牌企业提供便捷高效的服务。简化首发活动和首店开设的行政审批流程，推行同一场地同类活动一次性许可或报备制度，减少企业的办事时间和成本。建立首发经济服务绿色通道，为企业提供一站式服务，解决企业在项目选址、登记注册、商标专用权保护等方面的问题。加大知识产权保护力度，建立健全知识产权快速维权机制，降低企业维权成本，保护企业的创新成果。建立涉及首发、首秀、首展、首店的进口商品通关便利"企业服务包"。推进进口商品检验结果采信制度在服装类等新品进口通关中的应用，为用于样品展示、新品发布等不进入国内市场销售的进口消费品提供便利化措施。支持保税展示交易业态发展，为进口新品在国内销售提供便利。

3. 加强区域统筹规划，推动商圈协同发展

政府应加强对城市商业布局的统筹规划，将首发经济的发展与城市整体商业规划相融合。根据不同区域的功能定位和资源优势，打造特色鲜明的首发经济集聚区，避免同质化竞争。推动商圈之间的协同发展，通过资源共享、优势互补，形成联动效应。促进各类商业资源的优化配置，鼓励首店、全球新品首发地标设施与相关商业业态协调联动发展，共同提升城市商业的整体竞争力。

（二）企业层面的创新与发展策略

1.加大创新投入，提升持续创新能力

企业要把创新作为核心竞争力，加大在产品研发、技术创新、服务升级和商业模式创新等方面的投入。建立专业的研发团队，加强与高校、科研机构的合作，引入先进的创新理念和技术，不断推出具有独特性和竞争力的首发产品和服务。同时，注重持续创新能力的培养，关注市场动态和消费者需求变化，及时对产品和服务进行升级和优化，保持领先地位。例如，比亚迪发布全球首个量产乘用车"全域千伏高压架构"超级 e 平台，推出了闪充电池、3 万转电机及新一代碳化硅功率芯片，刷新多项全球量产技术纪录。据悉，搭载闪充电池的车型可实现闪充 5 分钟畅行 400 公里。比亚迪还宣布同步启动兆瓦闪充网络布局，在未来几年内布局 4000 座闪充站，首批 500 座充电站已陆续启动运营。

2.注重品牌建设，提升品牌影响力

品牌是企业在首发经济中的重要资产，企业要注重品牌建设，提升品牌知名度、美誉度和忠诚度。通过优质的产品和服务、独特的品牌文化和形象塑造，打造具有差异化竞争优势的品牌。加强品牌推广和营销，利用社交媒体、线上线下活动等多种渠道，扩大品牌的影响力和覆盖面。例如，一些国际知名奢侈品牌通过举办高端时尚活动、与明星和时尚达人合作等方式，提升品牌的曝光度和影响力，吸引目标消费者。越来越多的品牌有意识地在首发产品中推出定制服务，以满足消费者的个性化需求。

3.强化用户体验，增强消费者黏性

在首发经济中，消费者体验至关重要。企业要以消费者为中心，

从产品设计、服务流程到消费环境等各个环节，强化用户体验。通过打造个性化、多样化、体验化的消费场景，满足消费者的情感需求和社交需求。例如，一些运动鞋品牌推出定制服务。消费者可以在首发的新款运动鞋上选择自己喜欢的颜色、材质、图案甚至是鞋底的科技配置。在首发活动的体验环节，一些品牌为 VIP 客户提供专属的购物体验，包括私人导购、个性化产品讲解、试穿试用服务等，根据客户的个人风格和需求提供专业的搭配建议。

（三）社会层面的协同与支持

1.加强行业协会的桥梁作用

行业协会应在政府、企业和市场之间发挥桥梁和纽带作用。一方面，积极向政府反映行业发展的需求和问题，为政府制定政策提供参考依据；另一方面，为企业提供行业信息、技术交流、人才培训等服务，促进行业整体发展。组织开展行业自律活动，规范市场秩序，营造公平竞争的市场环境。例如，商业行业协会可以定期举办首发经济研讨会、行业峰会等活动，促进企业之间的交流与合作，分享成功经验和创新模式。

2.推动产学研合作，促进创新成果转化

加强产学研合作，促进高校、科研机构与企业之间的深度融合。高校和科研机构具有丰富的科研资源和创新人才，通过与企业合作，能够将科研成果快速转化为实际生产力。建立产学研合作平台，推动科技成果的转移转化和产业化应用。例如，一些高校的设计学院与时尚品牌合作，开展新品研发和设计，将高校的创意和设计理念融入品牌产品中，提升产品的创新水平和市场竞争力。

3.提升城市文化软实力，营造创新氛围

城市的文化软实力是首发经济发展的重要支撑。通过加强文化建设，提升城市的文化底蕴和艺术氛围，为首发经济提供丰富的创意源泉。举办各类文化艺术活动、时尚展览等，吸引国内外创意人才和品牌汇聚。例如，上海每年举办的时装周、艺术展览等活动，不仅展示了时尚和艺术的最新成果，也吸引了众多品牌在此进行首发活动，营造了浓厚的创新氛围，提升了城市的文化影响力和商业活力。

首发经济作为一种创新驱动的经济形态，在我国经济发展中扮演着越来越重要的角色。它以其独特的创新性、链式发展性、引领潮流性和区域耦合性，为企业提供了新的发展机遇，为消费者带来了全新的消费体验，为城市提升了商业活力和竞争力。然而，首发经济在发展过程中也面临着市场竞争激烈、创新能力不足、知识产权保护不到位以及城市配套服务与治理水平有待提升等诸多挑战。为了加快发展首发经济，政府需要完善政策体系、优化营商环境、加强区域统筹规划；企业需要加大创新投入、注重品牌建设、强化用户体验；社会需要加强行业协会的桥梁作用、推动产学研合作、提升城市文化软实力。只有政府、企业和社会各方协同合作，形成合力，才能充分发挥首发经济的优势，推动我国经济实现高质量发展，在全球经济竞争中占据更有利的地位。未来，随着技术的不断进步、消费需求的持续升级以及政策环境的日益完善，首发经济有望迎来更加辉煌的发展前景，成为推动经济发展的强大新引擎。

第八章
积极发展冰雪经济

冰雪经济是以冰雪资源为依托，实现冰雪运动、冰雪竞技、冰雪旅游、冰雪文化、冰雪装备制造等多领域融合发展的经济形态。2024 年中央经济工作会议将"积极发展冰雪经济"作为提振消费、全方位扩大国内需求的重要着力点。冰雪经济具备绿色经济与创新经济属性，能够产生较强的产业联动效应，带来经济与社会综合效益，是当前及未来扩大有效需求、推动经济增长的重要着力点。

2016年3月，习近平总书记在参加十二届全国人大四次会议黑龙江代表团审议时指出，"绿水青山是金山银山，黑龙江的冰天雪地也是金山银山"。这一理念不仅为黑龙江等冰雪资源丰富的地区指明了发展方向，也为我国冰雪经济的发展提供了根本遵循。2024年中央经济工作会议将"积极发展冰雪经济"作为提振消费、全方位扩大国内需求的重要着力点。2025年《政府工作报告》更是进一步将"积极发展冰雪经济和冰雪运动"作为加强精神文明建设的工作重点。冰雪经济方兴未艾，亟待在理论和实践上做出梳理并进行更为系统、科学的战略谋划。

一、冰雪经济的内涵特征与理论基础

冰雪经济是以冰雪资源为依托的产业链条及经济形态的总称。从内涵来看，冰雪经济包括冰雪运动、冰雪竞技、冰雪旅游、冰雪文化、冰雪装备制造等多个产业。冰雪经济的关键要素为冰雪，积极发展冰雪经济就是要充分挖掘冰雪资源的经济效益，将"冰天雪地"转化为"金山银山"，实现资源变资产。

经济学理论中的一个共识是要素禀赋为参与市场分工的重要基础，除了传统意义上的资源、能源、气候、地理区位等方面，任何"人无我有""人有我优"的要素禀赋在推动经济高质量发展的过程中都越来越发挥出独特优势。这一方面是由于经济进入高质量发展阶段，社会需求逐渐走向多样化、个性化，消费形态和消费内容都处于不断升级过程中；另一方面，在构建新发展格局的过程中，过去"以GDP增长率论英雄"的传统地方竞争模式也在逐渐转向"面向高质量发展"的竞争模式。高质量发展是因地制宜的发展，是体现新发展理念的发展，这就要求各地立足本地优势禀赋，摆脱过去高度依赖土地财政和房地产核心产业带动的同质化竞争，走向差异化、走向新质化、走向可持续化的发展。

冰雪是一种非常独特的地理条件和气候特色。长期以来，对于经济发展而言，冰雪似乎并不是一般意义上的"优势禀赋"，甚至也对生产、流通（运输）等再生产过程带来阻碍和不便。而从积极的方面看，丰富的冰雪资源也孕育出其他地区无法模仿、难以比拟的特色经济形态、生活习俗和精神文化。我国南北纬度跨度大，气候差异明显，具有发展冰雪经济的"先天优势"。随着居民生活水平的提高，在冬奥会的带动下，冰雪运动和冰雪旅游在近年来经历爆发式增长，冰雪经济逐渐成为北方地区乃至全国高质量发展的新引擎。

从产业分类来看，冰雪经济属于第三产业衍生的复合型产业，涵盖旅游、文化、体育等多元化服务，是我国产业结构升级转型过程中的新兴产业形态代表。由以第一产业和第二产业为主转向以第三产业为主是产业结构从低级走向高级的一般规律，后工业化社会的核心特征就是服务业为主导，知识和技术成为关键生产要素。冰雪经济就是经济发展到一定阶段之后，站到更高起点衍生出的新型经济形态，且具备极强的产业带动作用，是各类产业相互糅合的产业综合体。例如，冰雪运动、冰雪赛事属于体育经济范畴，冰雪旅游、冰雪文化则是旅游经济范畴，冰雪装备制造则涉及第二产业中的制造业，而冰雪资源和现代前沿科技相结合（如 AI、VR 等），也能够在新质生产力上延长冰雪产业链条。因此，积极发展冰雪经济，并不是局限于一域一地、一方冰雪，而是积极扩展冰雪经济的范畴，拉长冰雪产业链条，构建健康的冰雪经济生态，扩大冰雪经济的参与规模、提高参与深度，发挥冰雪经济的带动辐射作用。

从产业发展阶段来看，冰雪经济当前处于成长期，呈现出规模扩张、形态多样、多点布局的特征，正在技术创新和政策扶持下走向成熟期。近年来，我国因地制宜布局冰雪产业，推动冰雪运动、冰雪文化、冰雪装备、冰雪旅游全产业链发展，群众性冰雪运动普及程度和发展水平不断提升，"冰雪"经济成为发展"热点"。尤其是后冬奥时代，以"十四冬"①成功举办为契机，通过大力弘扬北京冬奥精神，"带动三亿人参与冰雪运动"成果持续巩固和扩大，冰雪运动"南展西扩东进"，北京冬奥遗产得以充分利用，冰雪运动引领带动冰雪经济，群众冰雪场地设施、赛事活动供给不断加大，大众冰雪消费正在逐渐成为扩内需、稳增长、促发展的新引擎。

二、我国冰雪经济发展的实践探索

我国冰雪经济在实践中不断发展前行，主要经历了三个阶段，即培育萌芽期（2015 年以前）、政策驱动扩张期（2015 年至 2022 年）和高质量发展期（2023 年至今），实现了产业规模由小到大、产业形态由低级向高级、产业布局由单点集中向多点突破这三大跃升。

（一）培育萌芽期（2015 年以前）

2015 年之前是中国冰雪经济的萌芽和起步阶段。这一时期的冰

---

① 第十四届全国冬季运动会，于 2024 年 2 月 17 日至 2 月 27 日在内蒙古自治区举办。这是北京冬奥会后首次举办的全国冬季项目大型体育赛事，也是内蒙古首次承办的全国大型综合性运动会。

雪经济产业规模较小，产业形态以冰雪旅游为主，产业布局上仅有少数地区开始有意识开发冰雪资源，且辐射范围有限。这一时期又可进一步细分为两个阶段。

第一阶段是20世纪80年代末至90年代末，这一阶段的冰雪经济主要是依托本地的自然冰雪资源，缺乏商业化运营模式和专业化管理经验，参与人群相对较少，主要是本地居民和周边游客。较为典型的就是冰雪资源最为丰富的黑龙江。早在20世纪八九十年代，黑龙江就高度重视冰雪旅游的开发，在全国率先建立旅游滑雪场、举办一系列冰雪节庆与赛事。例如，哈尔滨从1986年开始将冰灯游园会和冰雪节合二为一，举办冰雕艺术景观、冰上运动、冰雪文艺晚会等，积极发展冰雪旅游。

第二阶段就是21世纪初到2015年。这一时期，随着国内经济的发展和人民生活水平的提升，冰雪运动开始走入大众视野。1994年亚布力滑雪旅游度假区成为黑龙江省级度假区，1996年亚布力风车山庄建成。在建设运营方面，我国开始借鉴国外先进经验，相关配套设施不断完善，从竞技体育场地向大众滑雪旅游地转型，带动了国内冰雪产业的初步发展，滑雪装备产销、滑雪培训等业务逐渐兴起。这一阶段冰雪经济的辐射范围逐渐走出一域，辐射效应愈发凸显，冰雪旅游和冰雪运动成为娱乐休闲的重要选择。

（二）政策驱动扩张期（2015—2022年）

2015年北京成功申办冬奥会之后，中国冰雪经济进入了快速扩张阶段。这一时期，国家出台了一系列政策以推动冰雪运动和冰雪产业跨越式发展，吸引并带动各类政府资金与社会资本进入。冰雪经济逐渐从区域性经济形态走向全国化和国际化布局，冰雪产业链条进一步完善，各类新的冰雪项目不断涌现，除了传统的滑雪、滑冰项目外，冰雪主题公园、冰雪嘉年华等新兴业态层出不穷。同时，冰雪运动在国内的普及程度也显著提高，"三亿人参与冰雪运动"的目标得以实现。

这一时期的代表性政策文件包括《"十四五"体育发展规划》，强调冰雪产业链现代化，从体育产业整体规划的角度为冰雪产业的发展指明方向，鼓励冰雪产业与其他产业的融合发展，提高冰雪产业的附加值；①《冰雪运动发展规划（2016—2025 年）》，提出以"全民普及、优化提升，市场主导、政府引导，因地制宜、重点发展，协调互动、融合发展"为原则，充分发挥市场作用，激发社会参与动力，丰富产品和服务供给，不断满足人民群众日益增长的冰雪运动需求。目标是到 2025 年，实现冰雪运动基础更加坚实，普及程度大幅提升，直接参加冰雪运动的人数超过 5000 万，并带动三亿人参与冰雪运动；冰雪运动竞技水平和国际竞争力全面提升，力争在 2022 年冬奥会上综合实力跻身世界先进行列；产业体系较为完备，2020 年冰雪产业总规模达到 6000 亿元，2025 年冰雪产业总规模达到 10000 亿元。② 此外，《"带动三亿人参与冰雪运动"实施纲要（2018—2022 年）》则提出到 2022 年，群众性冰雪运动广泛开展，群众性冰雪赛事活动丰富多彩，群众性冰雪运动服务标准完善，群众性冰雪运动场地设施基本满足人民群众多样化多层次需求。冰雪运动更加贴近、更加融入百姓生活，人民群众对冰雪运动发展成果的获得感进一步增强，对冰雪运动的关注度、喜爱度、支持度、参与度达到更高水平，实现"带动三亿人参与冰雪运动"目标。

---

① 参见国家体育总局：《"十四五"体育发展规划》，2021 年 10 月 25 日。
② 参见国家体育总局：《冰雪运动发展规划（2016—2025 年）》，2016 年 11 月 2 日。

根据《2021年中国冰雪产业发展研究报告》，2015年到2020年，我国冰雪产业总规模从2700亿元增长到6000亿元，冰雪运动和冰雪旅游呈现爆发式增长。[①]《中国冰雪旅游消费大数据报告（2022）》显示，在北京冬奥会、冰雪出境旅游回流、旅游消费升级以及冰雪设施全国布局等供需两方面刺激下，全国冰雪休闲旅游人数从2016年至2017年冰雪季的1.7亿人次增加至2020年至2021年冰雪季的2.54亿人次。[②] 同时，在利好政策引导和相关部门的共同推动下，我国冰雪装备器材在重点领域的研发攻关上不断取得突破性的成果。例如，河北张家口某公司设计制造的"塔式造雪机旋转支架"，与天冰造雪合作，承担了北京冬奥会造雪任务；国内企业自主研发的模拟滑雪机已在多所学校得到应用；数控雪板冰刀磨床已完成工程化样机研制。[③]

随着冰雪运动"南展西扩东进"战略的不断推进，冰雪开始走入南方，室内滑雪场在南方地区如广州、成都、浙江、上海等地迅速崛起。这些室内滑雪场不受季节和自然条件的限制，为南方民众提供了体验冰雪运动的机会，如广州融创雪世界已成为南方地区较大的室内滑雪场，年接待游客量达数十万人次。在2023年至2024年冰雪季，华东地区尤其是以上海、浙江和江苏等为代表的长三角地区冰雪场馆数量明显增加。截至2025年4月，浙江至少建有23家滑雪场和8家滑冰场。与此同时，北方地区冰雪经济产业不断优化升级，东北三省在继续发挥自然冰雪优势的基础上，开始着手推动产业优化升级，加强与周边地区的协同发展，开发成熟的冰雪旅游线路（如东北冰雪大

---

① 参见《冬奥会带动冰雪产业链发展》，《中国体育报》2022年2月8日。

② 参见中国旅游研究院、马蜂窝旅游：《中国冰雪旅游消费大数据报告（2022）》，2022年11月8日。

③ 参见《冬奥会带动冰雪产业链发展》，《中国体育报》2022年2月8日。

环线等）。河北张家口也奋力发展冰雪装备制造业，布局高新区和宣化两大冰雪装备产业园，通过打造轻重装备结合和研发制造服务兼顾全产业链、全生命周期的冰雪运动装备制造基地，招引全球造雪领军企业入驻，提升服务质量，打造高端冰雪旅游度假区。

（三）高质量发展期（2023年以来）

随着2022年冬奥会的结束，中国冰雪经济也进入了高质量发展转型期，即"后冬奥时代"。当前，积极发展冰雪经济应更加注重提质增效。一方面，在冰雪旅游上，更加注重提升游客体验和服务质量，扩大更多个性化、高端化的旅游产品与服务供给；另一方面，冰雪产业链条的上下游，如装备制造、培训服务等也在不断提升技术水平和创新能力，行业整体竞争实力显著提升。

产业规模持续拓展且结构逐步优化。滑雪场数量进一步增加且分布更为广泛，除了传统的北方地区，南方城市的滑雪场也在不断拓展业务范围；冰雪装备制造业国产化率显著提升，国内企业在滑雪板、滑雪服、造雪机等关键装备的研发和生产技术上取得了长足进步，部分国产滑雪板品牌在性能上已经能够与国际品牌竞争甚至出口到国外市场。冰雪旅游结构不断优化，从单纯的滑雪观光向深度体验游转变，冰雪民俗文化体验、冰雪康养旅游等业态逐渐兴起。

全产业链深度融合的创新业态正在形成。一方面，科技赋能冰雪产业特征愈发明显，冰雪经济向智能化方向转型，有望带动冰雪产业跨越成长期，走向成熟期。VR与滑雪的结合，让游客在没有实际滑雪条件的地方也能身临其境体验滑雪乐趣或进行滑雪培训；智慧雪场的建设提高了雪场的管理效率和游客体验感，通过传感器等技术实现对雪道状况、游客流量等的实时监测和调控。例如，哈尔滨冰雪大世界组织全新的冰雪"5G+元宇宙"体验中心、超级冰滑梯VR体验、VR冰雪项目体验等，拓展游客受众群体。另一方面，文化与冰雪实现深度融合，诸如冰墩墩等冰雪文化IP催生了丰富的衍生经济形态。以冰雪为主题的文化创意产品不断涌现，涵盖文具、玩具到服饰等各个领域，冰雪节庆活动也更加注重文化内涵的挖掘，如哈尔滨冰雪大世界融入更多东北民俗文化元素，打造出具有独特魅力的冰雪文化盛宴。

在产业布局方面，当前我国冰雪经济"三区协同"的格局进一步深化。北方地区继续优化户外冰雪设施，提升滑雪场的品质和服务水平。例如，崇礼国际冰雪小镇不断完善基础设施，增加高端住宿、餐饮等服务项目，打造国际一流的冰雪旅游目的地。南方地区进一步扩展室内雪场并丰富冰雪主题乐园的内涵。例如，上海"冰雪之星"等项目不断引入新的冰雪游乐设施和项目，吸引更多南方家庭参与冰雪活动；西部地区大力开发高原滑雪资源，四川阿坝太子岭、新疆阿勒泰等地凭借独特的自然景观和高原滑雪体验吸引着越来越多的游客，同时也在加强配套设施建设，提高旅游接待能力。

2024年国务院办公厅发布《关于以冰雪运动高质量发展激发冰雪经济活力的若干意见》，分阶段提出冰雪经济发展的目标：到2027年，冰雪运动场地设施更加完善，服务水平显著提升，冰雪运动更加广泛开展，我国冰雪竞技国际竞争力进一步增强，冰雪经济总规模达到1.2万亿元；到2030年，冰雪经济主要产业链条实现高水平协调融合发展，在扩大就业、促进高质量发展等方面的作用更加凸显，冰雪消费成为扩大内需的重要增长点，建成一批冰雪运动和冰雪旅游高质量目的地，"冰雪丝路"、中国—上海合作组织冰雪体育示范区发展迈上新台阶，冰雪经济总规模达到1.5万亿元。地方政策也积极响应，形成"中央—地方"双层助推体系，如黑龙江出台《黑龙江省冰雪经济发展规划（2022—2030年）》，吉林出台《关于推动吉林省冰雪经济高质量发展的实施意见》，等等。

（四）当前我国冰雪经济发展情况

当前，全国冰雪运动参与人数快速增长，冰雪产品质量和服务水平进一步提升，冰雪消费市场规模持续扩大，冰雪运动产业链不断完善，冰雪经济释放出巨大增长动能。2023年，全国共有各类冰雪运动场地2847个（滑冰场地1912个，滑雪场地935个），比2022年增长16.11%。[①] 冰雪运动从小众竞技运动转变为大众时尚生活方式，已基本实现全国覆盖。除具有冰雪经济传统优势的东北地区之外，近年来，华北、华东、华南、西南地区都出现了众多规模大、质量高的室内滑雪场，目前我国室内滑雪场每年稳定创造300万以上的体验人群，增幅已超过室外雪场。2013—2014年冰雪季，我国仅有5家室内滑雪场，到2023—2024年冰雪季，我国室内滑雪场的数量已经达到59家，主要分布在南方城市。

后冬奥时代，全国人民参与冰雪经济的热情不减，包括冰雪运动项目、民俗冰雪运动、冰雪观赏体验、陆地冰雪运动等活动，冰雪运动、冰雪装备、冰雪旅游、冰雪赛事等各领域都呈现出快速增长态势。根据对我国居民参与冰雪运动各方面消费情况的综合测算，2023—2024年冰雪季，我国冰雪运动消费规模超1500亿元。从冰雪赛事来看，2023—2024年赛季，冰雪项目赛期从2023年7月开启延续到2024年5月，共11个月；赛事密集举办期为2023年11月、12

[①]　参见国家体育总局冬季运动管理中心：《大众冰雪消费市场研究报告（2023—2024冰雪季）》，2024年6月。

月和 2024 年 1 月、3 月，每月均超过 20 项赛事，2024 年 2 月为"十四冬"正赛。2023—2024 年冰雪季，北京利用冬奥场馆资源，举办了国际滑冰联盟世界花样滑冰大奖赛总决赛等 5 项冰雪国际赛事，会同延庆区申办举办了"十四冬"项目比赛，有效填补了北京冬季冰雪项目的重大国际赛事缺口，冬奥场馆利用实现效益最大化。[①]

三、积极发展冰雪经济的政策建议

当前，我国冰雪经济在快速发展的过程中也暴露出一些亟待解决的问题。一是区域发展不平衡。冰雪资源在地理分布上主要集中在北方地区，南方受自然条件限制，完全依赖人工造雪和室内场馆，建设、运营、环境保护各方面成本较高，区域发展不平衡不充分问题依然存在。二是季节性明显。冰雪经济的季节性也是限制其快速发展的重要因素，室外滑雪场在夏季运营模式较为单一，只能转向山地观光等，难以实现全年收益平衡。三是基础设施建设和配套服务仍有待提高。部分雪场设备老旧、雪道设计不合理，安全防护设施缺失，难以满足专业化和大众化需求，亟须更新。同时，交通可达性差，偏远雪场接驳不便，住宿餐饮同质化、医疗救援体系不完善等问题也需要改善。四是专业人才短缺。冰雪教练、场馆运营、装备研发等环节专业人才不足，部分从业者仅通过短期培训上岗，服务质量参差不齐，技能型人才存在较大缺口。五是绿色发展面临挑战。例如，人工造雪需大量水资源，在干旱地区发展冰雪经济易加剧水资源紧张，造成资源

---

① 参见国家体育总局冬季运动管理中心：《大众冰雪消费市场研究报告（2023—2024冰雪季）》，2024 年 6 月。

过度消耗的问题。同时，雪场建设也可能影响植被更新，对生态环境产生不良影响。因此，进一步发展冰雪经济，可从以下方面着手，实现冰雪业态健康、绿色、可持续发展。

（一）加快冰雪经济基础设施体系建设

一是要构建适应冰雪经济发展的交通网络。应以骨干通道建设为核心，形成覆盖主要冰雪资源区的立体化交通体系，通过纵向干线串联南北冰雪产业带，横向支线连接重点客源市场与资源富集区，打造"快进慢游"交通格局。同时，应加快推进冰雪旅游集散中心、新能源补给站等配套设施建设，提升冰雪目的地可达性与服务承载力。二是要推进现有设施智慧化、智能化升级。要积极促进新一代信息技术与冰雪场景深度融合，构建覆盖雪场管理、游客服务、安全监测的智能生态系统。重点布局智能环境感知设备、数字化服务终端和应急响应系统，推动冰雪设施运营从机械化向智能化转型，形成全流程数字化服务体系。三是要完善综合服务设施。统筹发展冰雪运动、休闲度假、文化体验等复合功能，建设多层次服务设施集群。同时，继续优化住宿、餐饮、医疗等配套服务网络布局，推动传统设施向主题化、品质化升级，构建满足多元化需求的冰雪服务生态。

（二）促进冰雪经济产业链条融合创新发展

一是要深化"冰雪＋文旅"融合，打造更多冰雪文化 IP。积极培育宣传冰雪文化，开发沉浸式、场景化文旅产品。通过数字技术活化冰雪文化遗产，创新夜间经济、主题演艺等多样业态，优化并丰富冰雪经济给消费者带来的体验感。同时，注重加强冰雪旅游线路与传统文化、地域特色资源的联动开发，提升产业附加值。二是要构建冰雪教育体系，实现冰雪运动进课堂、进学校。建立覆盖全部教育阶段的冰雪运动课程框架，制定标准化课程体系与能力认证制度，推动冰雪运动进校园，建设多层次实训基地，培养大众冰雪运动习惯。此外，要加强冰雪科普教育，将气候科学、运动医学等知识纳入教育内容，提升全民冰雪素养。

（三）加强适应冰雪经济发展的人才培养与储备

一是要积极打造冰雪相关专业，培育专业人才。冰雪经济学科建设应涵盖运动学、经济学、管理学等多种学科，同时必须将理论教学和实践训练结合起来，打通产学研通道，重点培养冰雪运动指导、设施运营、装备研发等方面的复合型人才。二是实施人才全球战略。应加强国际认证体系对接，提升人才培养国际化水平，搭建国际交流合作平台，建立海外研修、技术引进、专家互访等常态化机制。同时，引进国际顶尖冰雪产业人才团队，培育具有全球视野的领军人才，建立冰雪经济跨国人才联合培养机制，提升我国冰雪人才国际竞争力，打造"冰雪丝路"国际合作网络。三是完善职业发展生态。应着力构建覆盖全产业链的职业标准体系，建立动态调整的资格认证制度和培训制度，构建冰雪人才数据库，优化人才资源配置效率。此外，也要健全冰雪行业职称评定、技能等级认定等制度，明晰职业发展愿景、拓宽职业发展通道。

（四）打造绿色可持续发展的冰雪经济产业链

一是要建设生态保护长效机制，树立绿色发展理念。尝试建立冰雪资源开发负面清单制度，实施生态环境影响动态评估。创新生态补偿机制，探索碳汇交易、绿色金融等市场化手段，统筹生态效益和经济效益。同时，强化雪场水资源管理、植被修复等关键环节管控，实现产业发展与生态保护协同推进。二是健全风险防控体系。这一体系应全面覆盖气象监测、灾害预警、应急救援的全链条风险管理，辅之以多级应急响应机制，使冰雪运动更为安全可控。同时，要加强冰雪运动安全标准建设，完善保险保障制度。

第九章
提高农业综合效益和竞争力

2022 年 12 月，习近平总书记在中央农村工作会议上指出，未来 5 年"三农"工作要全面推进乡村振兴，到 2035 年基本实现农业现代化，到本世纪中叶建成农业强国。这是党中央着眼全面建成社会主义现代化强国作出的战略部署。强国必先强农，农强方能国强。没有农业强国就没有整个现代化强国；没有农业农村现代化，社会主义现代化就是不全面的。2024 年中央经济工作会议指出，抓好粮食和重要农产品稳产保供，提高农业综合效益和竞争力，这为加快建设农业强国指明了方向，提供了着力点。要如期实现建设农业强国目标，必须把提高农业综合效益和竞争力放在首位。

一、农业综合效益和竞争力的内涵特征与现状

农业综合效益和竞争力是现代农业发展的核心目标，二者分别从内部效能和外部市场角度衡量农业现代化水平。

农业综合效益是指在农业生产过程中，通过优化资源配置、提高生产效率、改善生态环境等措施，实现农业经济效益、社会效益和生态效益的全面提升。这一概念不仅涵盖了传统的农业产出和收入等经济效益指标，还扩展到了对农村社会、环境和文化的深远影响。从经济效益看，农业经济效益是衡量农业生产活动成果的重要指标，它反映了农业生产过程中投入与产出的比例关系。在农业综合效益中，经济效益是基础，它直接关系到农民的收入水平、农业产业的可持续发展以及国家粮食安全的保障。提高农业经济效益，意味着在有限的土地资源上实现更高的产出，降低生产成本，提高农产品的市场竞争力。从社会效益看，农业社会效益主要体现在农业对农村社会结构、就业、文化等方面的积极影响。农业是农村经济的支柱产业，为农民提供了就业机会和收入来源。同时，农业活动还承载着丰富的农耕文化和乡土情怀，对于维护农村社会稳定、传承历史文化具有重要意义。农业综合效益的提升，有助于促进农村社会的和谐发展，提高农民的生活质量和幸福感。从生态效益看，农业生态效益是指农业生产活动对自然环境的积极影响，包括土壤保育、水资源保护、生物多样性维护等方面。在农业综合效益中，生态效益是不可或缺的组成部分。健康的农业生态系统不仅能够提供丰富的农产品，还能为人类社会提供清洁的空气、水源和休闲空间。因此，提高农业生态效益，是实现农业可持续发展的关键所在。

农业竞争力是指一个国家或地区的农业产业在国际或国内市场上表现出的综合优势和市场地位。它反映了农业产业的生产效率、产品质量、创新能力以及市场拓展能力等多个方面。从生产效率看，农业生产效率是衡量农业竞争力的重要指标之一。高效的农业生产能够降低生产成本，提高农产品的产量和质量，从而在市场上获得竞争优势。农业生产效率的提升，依赖于农业科技的进步、农业机械化水平的提高以及农业管理方式的创新。从产品质量看，农产品质量是农业竞争力的核心所在。优质的农产品能够满足消费者的多样化需求，提高农产品的附加值和市场竞争力。农产品质量的提升，需要加强农产品质量监管体系的建设，推广先进的农业生产技术和管理模式，提高农产品的安全性和品质。从创新能力看，农业创新能力是衡量农业产业活力和发展潜力的重要指标。在市场竞争日益激烈的背景下，农业产业需要不断创新，开发出具有自主知识产权的新品种、新技术和新模式，以提高农产品的市场竞争力和附加值。农业创新能力的提升，依赖于农业科技研发体系的完善、农业科技创新人才的培养以及农业科技成果转化机制的优化。从市场拓展能力看，市场拓展能力是农业竞争力的重要组成部分。一个具有强大市场拓展能力的农业产业，能够迅速适应市场变化，开拓新的市场空间，提高农产品的市场份额和品牌影响力。市场拓展能力的提升，需要加强农产品品牌建设、营销渠道拓展以及国际贸易合作等方面的努力。

从农业综合效益的现状看，近年来，我国农业生产效率不断提高，农产品产量和质量稳步提升。同时，农业产业结构不断优化，农业产业链不断延伸，农业附加值不断提高。这些因素共同推动了农业经济效益的稳步提升。特别是随着农业现代化的推进，农业对农村社会结构、就业和文化等方面的积极影响日益凸显。农业产业的发展为农民提供了更多的就业机会和收入来源，促进了农村社会的和谐稳定。然而，与世界农业强国相比，我国农业生产成本仍然较高，农产品市场竞争力有待进一步提升。与此同时，农村地区的人才流失、老龄化等问题仍然严重制约了农业社会效益的充分发挥，而且在人多地少的资源禀赋约束下，尽管我国农业生态系统的稳定性和生物多样性得到了有效提升，土壤保育和水资源保护工作取得了积极进展。然而，农业生产过程中化肥、农药等投入品的使用仍然过量，对农业生态环境造成了一定的污染和破坏。

从农业竞争力的现状看，随着农业科技的进步和农业机械化水平的提高，我国农业生产效率不断提高。农业科技成果的转化和应用取得了显著成效，推动了农业生产方式的转型升级。特别是随着农产品质量监管体系建设的不断完善，我国推广了先进的农业生产技术和管理模式，提高了农产品的安全性和品质。同时，农业品牌建设取得了积极进展，一批具有自主知识产权的农产品品牌在国际市场上获得了良好的声誉。但与世界农业强国相比，我国农业就业人员占比和农业增加值占比偏高，仍然存在较大差距。这一方面表明，农业强国的农业劳动生产率较高，即单位农业劳动投入能够创造出更多的农业产值；另一方面也表明，农业强国的农业劳动生产率与非农业劳动生产率趋同，因此这些国家的劳动力在农业和非农部门的收入差距并不十分明显，即不存在明显的城乡收入差距。

二、提高农业综合效益和竞争力的现实困境

农业作为国家经济发展的基础产业，其综合效益和竞争力的提升

对于国家经济社会的可持续发展具有重要意义。然而，在当前的农业发展过程中，面临着诸多现实困境，这些困境从多个方面制约了农业综合效益和竞争力的提升。

第一，农业基础设施薄弱与现代化水平不足。农业基础设施是农业发展的基石，然而，我国部分地区农业基础设施薄弱，农田水利设施老化失修，灌溉排水系统不完善，导致农业抵御自然灾害的能力较弱。这不仅影响了农业生产的稳定性，也限制了农业生产效率的提升。同时，农业现代化水平不足也是制约农业综合效益和竞争力提升的关键因素。尽管近年来我国农业现代化进程不断加快，但相比发达国家，农业机械化、智能化水平仍有较大差距，农业生产方式相对落后，难以适应现代市场的需求。

第二，农业科技创新能力不足与成果转化率低。农业科技创新能力是提升农业综合效益和竞争力的核心动力。然而，当前我国农业科技创新能力不足，农业科技成果转化率较低，成为制约农业发展的重要因素。一方面，农业科研机构与企业之间的产学研合作机制不够健全，科研成果难以有效转化为生产力；另一方面，农业科技创新投入不足，特别是基础研究投入相对较少，导致农业科技创新能力难以得到持续提升。此外，农民对新技术的接受和应用能力不足，也制约了农业科技成果的推广和应用。

第三，农业产业结构不合理与同质化竞争严重。农业产业结构不合理是当前制约农业综合效益和竞争力提升的重要因素之一。一方面，部分地区农业产业结构过于单一，缺乏多元化发展，导致市场风险较大；另一方面，同质化竞争严重，农产品缺乏特色和差异化，难以满足消费者多样化的需求。这不仅限制了农产品的市场竞争力，也影响了农业综合效益的提升。同时，农业产业结构调整滞后，难以适应市场变化的需求，也制约了农业产业的升级和发展。

第四，农业生态环境压力大与可持续发展面临挑战。农业生态环境压力是当前农业发展面临的重要困境之一。随着农业生产的不断发展，农业面源污染问题日益突出，土壤退化、水资源短缺等问题对农业可持续发展构成严重威胁。这不仅影响了农业生产的可持续性，也制约了农业综合效益和竞争力的提升。同时，农业生态环境的恶化也加大了自然灾害的发生频率和强度，给农业生产带来了更大的不确定性。

第五，农业经营主体实力不强与规模化经营程度低。农业经营主体的实力是农业综合效益和竞争力的重要体现。然而，当前我国农业经营主体实力不强，规模化经营程度较低，制约了农业的发展。一方面，农民合作社、家庭农场等新型农业经营主体发展不充分，组织化程度较低，难以形成有效的市场竞争优势；另一方面，农业龙头企业数量较少，规模较小，带动能力不足，难以发挥引领作用。此外，土地流转机制不完善，土地碎片化问题严重，也制约了农业规模化经营的发展。

第六，农业市场体系建设滞后与信息不对称问题突出。农业市场体系建设是提升农业综合效益和竞争力的重要保障。然而，当前我国农业市场体系建设滞后，信息不对称问题突出，制约了农业的发展。一方面，农产品市场体系不完善，农产品流通渠道不畅，导致农产品价格波动较大，影响了农民的收入稳定性；另一方面，农业信息服务平台建设滞后，农业信息不对称问题严重，农民难以获取及时、准确的市场信息，导致农业生产决策失误，影响了农业综合效益的提升。

第七，农业政策支持力度不足与政策落实不到位。农业政策支持是提升农业综合效益和竞争力的重要保障。然而，当前我国农业政策支持力度不足，政策落实不到位，制约了农业的发展。一方面，农业补贴政策不够完善，补贴力度较小，难以有效激发农民的生产积极性；另一方面，农业金融、保险等政策支持不到位，农民融资难、贷款难问题突出，制约了农业生产的投入和发展。此外，农业政策落实过程中存在诸多困难和问题，如政策宣传不到位、执行力度不够等，也影响了农业政策的实施效果。

第八，农业劳动力素质不高与人才短缺问题严重。农业劳动力素质是提升农业综合效益和竞争力的关键因素之一。然而，当前我国农业劳动力素质不高，人才短缺问题严重，制约了农业的发展。一方面，农民受教育程度较低，缺乏现代农业知识和技能，难以适应现代农业发展的需求；另一方面，农业专业人才短缺，特别是农业科技人才、管理人才等高素质人才匮乏，制约了农业科技创新和产业升级。此外，农业劳动力老龄化问题严重，年轻劳动力流失严重，也影响了农业生产的持续性和稳定性。

第九，农业资源利用效率低与资源浪费问题突出。农业资源利用效率是衡量农业综合效益和竞争力的重要指标之一。然而，当前我国农业资源利用效率较低，资源浪费问题突出，制约了农业的发展。一方面，农业生产过程中化肥、农药等投入品使用过量，导致土壤污染、水资源浪费等问题严重；另一方面，农业废弃物资源化利用程度较低，大量农业废弃物被随意丢弃或焚烧，不仅造成了环境污染，也浪费了宝贵的农业资源。此外，农业水资源管理不善，灌溉效率低下，也加剧了水资源的浪费问题。

第十，农业社会化服务体系不完善与服务能力不足。农业社会化服务体系是提升农业综合效益和竞争力的重要保障。然而，当前我国农业社会化服务体系不完善，服务能力不足，制约了农业的发展。一方面，农业社会化服务组织数量较少，服务范围有限，难以满足农民多样化的服务需求；另一方面，农业社会化服务质量不高，服务水平参差不齐，影响了农业生产的效率和效益。此外，农业社会化服务体系建设滞后，服务机制不健全，也制约了农业社会化服务的发展。

三、提高农业综合效益和竞争力的实践路径

农业作为国民经济的基础，不仅关乎国家粮食安全和社会稳定，还深刻影响着农民的收入增长和农村的社会结构。在当前复杂多变的国际环境下，提高农业综合效益和竞争力显得尤为重要。

第一，树立大农业观，拓展农业多功能性。随着城乡居民食物消费需求的不断增长和升级，农业的功能也在逐步扩展。传统的农业观念主要关注粮食生产，而现代大农业观则要求从保障粮食安全向保障粮食和重要农产品安全发展，即"肉蛋奶果蔬茶一样都不能少"。同时，农业还需实现对耕地、森林、草原、海洋等各种资源的高效利用，扩展食物供给来源，提高保供能力。在实践中，各地可以因地制宜地发展特色农业和生态农业。例如，在土地资源丰富的地区，可以扩大蔬菜大棚种植面积，实施鱼菜共生种养循环模式，提高资源利用率和农产品附加值。在适宜养殖的地区，可以发展稻渔综合种养模式，实现水稻种植和水产养殖的双赢。此外，还可以依托农业功能性开发，通过价值链拓展，融合第一产业、第二产业、第三产业，更好释放农业的多功能性，匹配多样化的消费需求，重新构造农业竞争优势。

第二，强化科技支撑，提升农业技术水平。科技创新是提高农业

综合效益和竞争力的关键。随着工业化和城镇化程度的提高，农业生产成本持续攀升，传统农业的比较优势逐渐弱化。因此，必须依靠科技创新来推动农业产业的转型升级。首先，围绕"节本增效、质量安全、生态安全"三方面的技术需求，支持农业前沿科技创新、关键核心技术研发、技术集成研究推广。重点突破生物育种、农机装备、智能农业、生态环保等领域关键技术。其次，推广先进适用技术，建立健全农业科技推广体系，对基层农技推广公益性与经营性服务机构提供精准支持。通过科技特派员制度、农村专业技术协会等方式，将先进的农业技术普及到基层，提高农民的技术水平和生产效率。最后，培育农业高新技术企业，鼓励和支持农业高新技术企业的发展，推动农业科技成果的转化和应用。深化国家现代农业示范区、国家农业科技园区建设，形成农业科技创新的集聚效应。

第三，优化农业结构，提高农业生产效率。优化农业结构是提高农业综合效益和竞争力的重要手段。通过调整农业生产结构和区域布局，可以实现资源的优化配置和农业生产效率的提升。首先，在确保谷物基本自给、口粮绝对安全的前提下，适当调减非优势区玉米种植，扩大优质特色杂粮、特色经济林、木本油料等作物的种植面积。同时，加强粮食生产功能区和大豆、棉花、油料、糖料蔗等重要农产品生产保护区的建设。其次，根据环境容量调整区域养殖布局，优化畜禽养殖结构，发展草食畜牧业。同时，加强渔政渔港建设，推动渔业产业的转型升级。最后，通过种养结合，可以实现农业生产过程中废弃物的资源化利用，提高资源的循环利用率。例如，畜禽粪便可以转化为有机肥料，用于农作物的种植；农作物秸秆可以作为饲料，用于畜禽的养殖。这种循环农业模式不仅减少了化肥和农药的使用，降低了农业生产成本，还提高了农产品的品质和附加值。

第四，加强农业基础设施建设，提高农业抗灾能力。农业基础设施是农业生产的重要支撑。加强农业基础设施建设，可以提高农业抗灾能力，保障农业生产的稳定进行。首先，推进高标准农田建设，加大投入力度，整合建设资金，创新投融资机制，加快建设高标准农田。通过完善配套设施、优化建设布局等措施，提高农田的旱涝保收能力和稳产高产水平。其次，加强农田水利建设，把农田水利作为农业基础设施建设的重点，加快重大水利工程建设和中小型农田水利设施建设。通过优化水资源空间格局、提高农田灌溉水有效利用系数等措施，保障农田的有效灌溉和节水灌溉。最后，完善农业防灾减灾体系，加强农业气象灾害监测预警和防灾减灾体系建设，提高农业应对自然灾害的能力。同时，加强农业保险制度建设，为农业生产提供风险保障。

第五，推进农业绿色发展，提高农业生态效益。农业绿色发展是现代农业的重要方向。通过推进农业绿色发展，可以减少农业碳排放，提高农业资源利用效率，保护和改善农业生态环境。首先，推广绿色生产技术，鼓励农民采用绿色生产技术，如有机肥料替代化肥、生物农药替代化学农药等。通过减少化肥和农药的使用量，降低农业生产对环境的污染。其次，加强农业废弃物资源化利用，如畜禽粪便、农作物秸秆等，通过将这些废弃物转化为有机肥料和饲料等资源，实现农业废弃物的循环利用和减少环境污染。最后，发展生态农业，鼓励和支持生态农业的发展，如生态农业园区、生态农业基地等。通过生态农业的实践和推广，提高农业生态系统的稳定性和可持续性。

第六，培育新型农业经营主体，提高农业现代化水平。新型农业经营主体是现代农业发展的重要力量。通过培育新型农业经营主体，可以提高农业生产的组织化程度和市场化水平，推动农业现代化的进程。首先，鼓励和支持家庭农场和专业大户的发展，提高农业生产的规模化和专业化水平。通过优化资源配置、提高生产效率等措施，实现农业生产的降本增效和提质增效。其次，加强农民合作社和农业产业化龙头企业的培育和发展，提高农业生产的组织化和市场化水平。通过合作社和龙头企业的带动作用，推动农业产业的转型升级和现代农业的发展。最后，建立健全农业社会化服务体系，为农民提供全方位、多层次的服务支持。通过加强技术培训、信息服务、市场营销等方面的支持，提高农民的综合素质和生产经营能力。

第七，加强农产品品牌建设，提高农产品市场竞争力。农产品品牌建设是提高农业综合效益和竞争力的重要途径。通过加强农产品品牌建设，可以提高农产品的知名度和美誉度，增强农产品的市场竞争力。首先，推进农产品品牌化经营，鼓励和支持农产品企业加强品牌建设和管理，提高农产品的品牌价值和市场竞争力。通过注册商标、申请地理标志产品等措施，保护农产品的品牌权益和知识产权。其次，加强农产品质量安全监管，建立健全农产品质量安全监管体系，加强农产品的质量检测和监管力度。通过加强农产品质量追溯体系建设等措施，保障农产品的质量安全和消费者的合法权益。最后，推动农产品营销创新，鼓励和支持农产品企业创新营销方式和手段，提高农产品的市场占有率和品牌影响力。通过线上线下相结合的方式，拓展农产品的销售渠道和市场空间。

第八，深化农业国际合作，提高农业国际竞争力。在全球经济一体化的背景下，深化农业国际合作是提高农业国际竞争力的重要途径。通过加强与国际农业产业的合作与交流，可以引进先进的农业技术和管理经验，提高我国农业的国际化水平和竞争力。首先，加强与国际农业组织的合作与交流，积极参与国际农业组织的活动和项目。通过引进先进的农业技术和管理经验等措施，提高我国农业的国际化水平和竞争力。其次，推动农产品国际贸易，加强农产品国际贸易的合作与交流，推动农产品的出口和进口。通过优化农产品进出口结构、提高农产品的质量和附加值等措施，增强我国农产品在国际市场上的竞争力。最后，加强农业人才培养与交流，加强与国际农业教育和科研机构的合作与交流，培养具有国际视野和创新能力的农业人才。通过人才交流和培训等措施，提高我国农业人才的综合素质和国际竞争力。

第九，强化政策支持与保障，营造良好发展环境。提高农业综合效益和竞争力离不开政策的支持与保障。通过强化政策支持与保障，可以为农业的发展提供良好的环境和条件。首先，增加对农业的财政投入力度，提高农业支出的比重。通过优化财政支出结构、提高资金使用效率等措施，保障农业发展的资金需求。其次，加强农业金融政策的创新和完善，为农业发展提供有力的金融支持。通过扩大农业信贷规模、优化农业信贷结构等措施，降低农业生产的融资成本，提高融资效率。最后，完善农业保险制度的建设和管理，为农业生产提供风险保障。通过扩大农业保险的覆盖面和提高保险赔付标准等措施，降低农业生产的风险和损失。

第十章
促进平台经济健康发展

所谓平台经济，是指通过互联网技术构建的虚拟或实体平台，连接供给方和需求方，实现资源的高效匹配和交易的便捷完成。平台经济充分利用互联网、物联网、大数据、云计算等现代信息技术手段，将消费者、生产者、服务提供者等多方参与者紧密相连，有效推动交易、协作及资源共享。平台经济作为实体经济和数字经济深度融合的重要载体，不仅在推动产业升级、培育发展新动能方面发挥着关键作用，而且在扩大内需和就业方面也具有重大意义。

近年来，全球平台经济持续迅猛发展，涵盖了电子商务、共享经济、在线教育、金融科技等多个领域，成为推动经济社会发展的重要引擎。2024 年中国平台经济的总交易额已超过 50 万亿元人民币，预计到 2025 年，这一数字将突破 60 万亿元。其中电子商务、在线教育、金融科技等领域增长尤为显著。随着人工智能、物联网、区块链等新兴技术的不断发展和应用，平台经济的智能化水平将不断提升，服务模式也将更加多样化和个性化。未来的平台经济将更加注重用户体验和价值的深度挖掘，形成更加复杂和多元的生态系统。然而，平台经济的发展仍面临着平台垄断、不正当竞争、数据安全和隐私泄露等多重挑战。[①] 党的二十届三中全会提出"促进平台经济创新发展，健全平台经济常态化监管制度"，2024 年中央经济工作会议强调"加强监管，促进平台经济健康发展"，为平台经济健康发展指明了方向。

一、平台经济的内涵、类型及其效应

平台经济是数字经济的重要组成部分，是以互联网平台为主要载体，以数据为关键生产要素，以新一代信息技术为核心驱动力，以网络信息基础设施为重要支撑的新型经济形态。[②]

平台经济主要有四种类型：一是促进商品或服务的交易型平台，如电商亚马逊、淘宝，以及金融服务平台支付宝等。这些平台构建了一个在线交易市场，海量买家与卖家在此汇聚，借助高效的匹配机制

---

① 参见《促进平台经济持续健康发展》，《经济日报》2025 年 1 月 26 日。

② 参见《国家发展改革委等部门关于推动平台经济规范健康持续发展的若干意见》，2021 年 11 月 24 日。

与便捷的交易流程，商品的流通与交易得以顺畅进行。二是连接人与人的社交型平台，如社交媒体、即时通信等。三是共享资源的共享平台，如出行、住宿、技能服务等。四是提供基础设施或工具的技术赋能平台，如云计算、开发者平台等。

平台经济效应主要包括规模经济效应、协同效应、网络外部性效应和双边市场效应。这些效应相互作用、共同促进。一是规模经济效应。在互联网平台上，产品开发成本相对固定，边际成本趋近于零，因此，规模经济效应尤为显著。该效应的发挥有赖于平台企业核心资产或人力资源的高效利用，以及产品或服务成本的广泛分摊。二是协同效应。协同效应的产生源于平台上产品或服务种类的持续丰富，以及不同业务间的良性互动与整合，从而推动收入增长。在平台经济中，多个低频业务的聚合可形成高频平台，从而提升整体效益。三是网络外部性效应。网络效应，也称为梅特卡夫效应，是一种现象，其中产品或服务的价值随着用户数量的增加而提升。这种效应在社交媒体、在线市场和技术平台中尤为明显，用户数量的增加直接提高了平台的互动性和内容的丰富性。例如在社交平台等互联网服务中，用户间的互动产生了大量有价值的内容和服务，进一步增强了平台的吸引力和用户的黏性。四是双边市场效应，即平台两侧不同用户群体之间的正向反馈循环，通过供给和需求互动创造价值。平台作为中介，同时服务多个用户群体如买家与卖家、司机与乘客、内容创作者与观众，通过匹配供需和供需互动创造价值，推动平台的快速发展和市场扩张。例如，出行平台通过增加司机和车辆的数量，吸引更多的乘客，同时降低价格，形成供给和需求的正反馈。这种效应不仅在物理世界中产生，而且通过互联网在虚拟空间中放大，进一步增强了市场的竞争力和可持续性。

二、平台经济健康发展的重要性

平台经济在推动产业升级、培育发展新动能方面发挥着关键作用，在扩大内需和就业方面也具有重大意义。据专家分析，2021 年平台企业如微信、淘宝等净创造就业岗位约 2.4 亿个，为当年约 27% 的中国适龄劳动人口提供了就业机会，缓解了青年就业压力。

（一）平台经济赋能实体经济

实体经济，涵盖了农业、采掘业、制造业、交通通信业、商业服务业、建筑业等多个物质生产和服务部门，是人类社会赖以生存和发展的基础。在世界百年未有之大变局加速演进、单边主义和保护主义盛行、全球竞争日益激烈、市场需求多变的大背景下，我国实体经济面临着诸多挑战，如产能过剩、创新能力不足、市场扩展困难、收益率下降等。这些挑战亟须通过科技赋能、平台赋能和产业深度融合创造出新的增长点和竞争优势。当前，平台经济赋能实体经济已成为推动经济高质量发展的重要途径。根据国家发展改革委和相关部门的调研，平台企业持续加大在技术创新、赋能实体经济等领域的投资力度，如市值排名前十位的平台企业通过自主投资或子公司投资等方式加大投资力度，在芯片、自动驾驶、新能源、农业等领域投资占比不断提高。[①]2024 年全国实物商品网上零售额 130816 亿元，增长 6.5%，增速快于社会消费品零售总额近 3 个百分点。这不仅体现了数字经济与实体经济的深度融合，更是凸显了推动平台经济健康发展是新时代

---

① 参见国家发展改革委：《平台企业在支持科技创新、传统产业转型方面形成了一批典型案例》，2023 年 7 月 12 日。

背景下经济转型升级和发展新质生产力的关键路径和有力抓手。平台经济凭借数字技术的集成与创新，在生产、消费等关键环节实现了高效交易与流通，既创造了巨大的经济价值，又显著赋能实体企业，有力推动了实体经济的转型升级。平台经济赋能实体经济的路径多样，效果显著。电子商务平台，通过打破地域限制，扩大市场范围，促进商品交易，极大地改变了人们的生产生活方式，并为实体企业开辟了广阔的市场空间，助力企业拓宽销售渠道，并增强品牌影响力。工业互联网平台，通过大数据分析、智能优化等手段，帮助企业优化管理流程，降低生产成本，提升运营效率，为传统制造业的转型升级提供了强有力的技术支撑。科技创新平台和公共服务平台也在推动创新成果的交易与共享、降低企业的制度性交易成本、提升产业链协同效率等方面发挥着不可或缺的作用。

随着数字技术、人工智能的不断进步和应用场景的不断拓展，平台经济将更加全面和深入赋能实体经济。平台经济凭借大数据分析和智能匹配技术，高效整合产业与市场资源，减少信息不对称，提升资源配置效率与精确度，为企业开辟全新发展模式与商业机遇，促使企业加速技术创新与模式革新，推动数字化转型，实现高附加值与快速成长，引领产业创新发展。这不仅有助于提升实体经济的竞争力和创新能力，也将为经济社会的发展注入新的活力和动力。然而，平台经济在赋能实体经济的同时，亦面临不容忽视的问题，会对实体经济造成负面影响。例如，部分平台企业利用其市场优势，收取高额不合理佣金，甚至实施"二选一""大数据杀熟"等垄断手段，严重扰乱市场竞争秩序，对实体企业构成不公平竞争，需要通过完善法律法规、强化监管予以约束和规范。

（二）平台经济助力扩大内需

在 2024 年中央经济工作会议上，针对 2025 年的重点任务，特别强调了扩大内需的重要性，将其作为首要任务，并提出了一系列旨在大力提振消费、提高投资效益的政策。国家发展改革委也进一步提出了通过改善居民收入预期、提高消费能力以及优化投资环境来实现这一目标的具体措施。2025 年的《政府工作报告》强调指出，着力扩大国内需求，把恢复和扩大消费摆在优先位置，促进平台经济规范健康发展，更好发挥其在促创新、扩消费、稳就业等方面的积极作用。

平台经济凭借多边市场效应，高效整合产业与市场资源，有力推动消费需求与投资需求的双重增长。如电商平台，凭借便捷的购物体验与丰富的商品选择，吸引了众多消费者，加速了线上消费的迅猛增长。随着平台用户规模的扩大，平台企业能够利用数据分析和个性化推荐等技术手段，更好地满足消费者的需求和提升消费体验。这种规模效应不仅促进了平台自身的快速发展，也带动了相关产业链上下游企业的成长，通过规模效应降低交易成本，提高交易效率，为扩大内需提供有力支撑。部分地方正在积极探索平台经济与产业园区的联合运营模式，该模式能够加速园区数字化改造，丰富技术、数据、平台及供应链服务供给，提升线上线下资源共享的协同水平。这种模式围绕共性转型需求，推动共享制造平台在产业集群落地和规模化发展，有效激发了内需潜力。

平台企业通过收集和分析海量用户数据来优化服务、创造价值、扩大内需的同时，也面临着数据安全风险和个人隐私泄露的问题。建立健全的数据治理体系，平衡数据利用与隐私保护，是平台经济健康发展的重要保障。

（三）平台经济带动就业具有显著优势

平台经济催生了网约车、直播带货、社区团购等一系列新业态、新模式，不仅极大地丰富了消费者的选择，更为社会创造了大量就业机会，为社会的就业稳定与人才发展开辟了新的路径和机遇。中国人民大学劳动人事学院的研究估测，2021年，阿里巴巴10亿消费者参与的平台生态带动了超过6000万个就业机会。这6000万个就业机会中，有以千万计的中小微企业和个体工作者，有的在为平台经济活动提供专业化服务，有的在平台促进商品和服务流通所关联和带动的上下游产业中就业。根据中国人民大学和国际数据公司等机构的估计，从带动上下游就业来看，平台实体经济中的商品和服务生产活动这一价值链蕴含的就业机会就达到了平台直接就业机会的1.48—2.85倍。这表明平台经济在吸纳就业方面具有巨大的潜力和价值。[①] 阿里巴巴发布的《2023环境、社会和治理报告》显示，2022年阿里巴巴生态直接或间接衍生超7000万个就业机会。阿里巴巴通过电商平台、云计算、物流等业务，为大量中小微企业和个体工作者提供了经济活动和创业机会。《2023中国数字经济前沿：平台与高质量充分就业》研究报告显示，数字平台2021年为中国净创造就业岗位约2.4亿个，为当年约27%的中国适龄劳动人口提供了就业机会。2024年2月27日，短视频直播平台就业价值研讨会在北京举行。会上，中国人民大学中国就业与民生研究院发布《直播平台就业价值报告（2023）》，报告指出，截至2023年底，某平台共带动了4022万个就业机会，其中直接带动的就业机会为2244万个，间接通过内容生态和电商生态拉

[①] 参见洪勇：《平台经济创造更多就业新机会》，《经济参考报》2022年9月1日。

动的就业机会为 1778 万个。这些就业不仅包括传统的主播、助播、选品师等新职业形态，还涵盖了直播销售、物流仓储、运营管理等环节中的就业。2025 年 1 月 13 日，中国社会科学院发布的一份报告显示，某电商平台在国内累计激发就业岗位超 5500 万个。该平台目前拥有 1420 万商家，这些商家通过多样化的经营方式，直接或间接地为社会贡献了众多就业机会。①

但是，平台经济的发展可能引发就业结构变化、劳动者权益保护等问题。随着自动化和智能化的推进，部分传统岗位可能被替代，劳动者的技能需求也在不断变化，需要在发展中不断解决这些问题。

三、促进平台经济健康发展

平台经济发展事关完善社会主义市场经济体制，事关我国构建新发展格局，事关经济高质量发展。推动平台经济规范持续健康发展，旨在促进而非遏制其发展，确保其实现更高质量、更有效率、更公平、更可持续、更安全的目标。平台经济只有实现规范持续健康发展，才能行稳致远，在中国经济高质量发展中发挥更大作用、作出更大贡献。习近平总书记强调："推动数字经济健康发展，要坚持促进发展和监管规范两手抓、两手都要硬，在发展中规范，在规范中发展。"②

---

① 参见中国社会科学院大学互联网法治研究中心：《电商生态高质量发展与就业促进研究报告》，2025 年 1 月 13 日。

② 《习近平著作选读》第二卷，人民出版社 2023 年版，第 538 页。

（一）营造良好创新环境推动平台经济高质量发展

人工智能、区块链、5G 等新兴技术的应用，不断拓展平台经济的边界和可能性，技术创新和产业创新融合是推动平台经济健康发展的核心动力。加大对平台经济领域技术创新和产业创新的支持力度，营造良好的创新环境，是政府的职责所在。政府应提供税收优惠、资金扶持等政策，激励平台企业增加研发投入，加速技术创新，从而提升其核心竞争力。强化平台经济领域的数据要素供给，在保障数据安全和个人隐私的前提下，推动数据资源的开放共享，为平台企业提供更多数据支持，推动平台企业跨界融合与产业协同，助力其创新发展。

为了确保平台经济在健康轨道上稳步前行，需增强平台经济领域政策与宏观政策取向的一致性，聚焦赋能实体经济，引导消费互联网平台企业在发展壮大的同时，向产业互联网转型，支持壮大工业互联网平台。工业互联网平台的发展，尤其依赖于坚实且先进的基础设施作为支撑。应加速 5G 网络、大数据中心及云计算平台等新型基础设施的建设与升级，以显著提升网络带宽、数据存储及计算能力，为工业互联网平台构筑坚实的技术基石。此外，还应加强工业互联网安全体系建设，建立健全数据安全保障机制，确保平台的数据安全和稳定运行，防范各类安全风险。应鼓励企业深化与高校、科研院所等科研机构的合作，促进人工智能、大数据、物联网等前沿技术在工业互联网平台中的广泛运用与深度融合。同时，还应加强不同平台间的互联互通和数据共享，促进产业链上下游企业的协同创新和共同发展，形成良性的技术生态和产业循环。鼓励企业基于工业互联网平台开发各类创新应用，形成丰富多样的应用生态。此外，还需强化平台与产业链上下游企业的深度合作，推动平台在智能制造、协同设计及供应链管理等多个关键领域的广泛应用。通过政策引导，鼓励消费互联网平台企业深入挖掘市场潜力，推动线上线下融合发展，进一步激发市场活力。

实体企业应积极拥抱数字化转型和创新，充分利用平台经济带来的机遇，提升自身的竞争力和可持续发展能力。通过深入融合推动平台经济和实体经济实现良性互动，共同促进国民经济的健康发展。充分发挥互联网平台引领作用，推进普惠性"上云用数赋智"行动，助力中小微企业加速数字化转型。平台通过技术支持与资源整合，助力中小微企业提升数字化能力，削减运营成本，增强市场竞争力。同时，加速用工业互联网改造提升传统产业，以工业互联网带动中小制造业企业转型升级，推动先进制造业的发展，为经济高质量发展注入新动能。

鼓励平台企业深化国际合作，提升全球化运营水平。在当前全球化背景下，平台企业应积极拓展国际市场，参与全球竞争。通过构建国际合作平台、提供政策扶持等措施，推动平台企业国际化进程，加强技术交流与创新合作，提升其全球市场竞争力与影响力。

（二）完善法律法规体系

完善法律法规体系是促进平台经济健康发展的基础。加快制定和完善相关法律法规，明确平台企业的权利和义务，规范平台经济各参与方的行为。例如欧盟《数字市场法案》认定大型互联网平台为企业用户和消费者之间提供了重要的门户通道，明确禁止不公平竞争行为，要求平台开放数据接口，推动数据可携带权。

我国已构建起一套系统的规范平台经济健康发展的法律体系，

涵盖了《中华人民共和国反垄断法》及其配套的《国务院反垄断委员会关于平台经济领域的反垄断指南》等法规，形成了较为全面的监管框架。《中华人民共和国反垄断法》作为规制平台经济的基础法律，明确了禁止垄断协议、滥用市场支配地位、经营者集中等行为的法律原则和具体制度。特别针对平台经济特性，强调了经营者不得利用数据、算法、技术、资本优势及平台规则从事法律禁止的垄断行为。这些规定既保障了平台经济的健康发展，又为市场参与者指明了行为方向。同时，对垄断协议、滥用市场支配地位、经营者集中的具体情形和认定标准也做了详细规定，确保了法律的可操作性和执行力。

为进一步细化平台经济领域的反垄断执法，市场监督管理部门发布了《国务院反垄断委员会关于平台经济领域的反垄断指南》。该指南对平台经济中的反垄断行为进行了具体规定，为执法提供了操作性强的指导。例如，针对垄断协议，明确了轴辐协议分析路径，并详细规定了利用数据、算法、平台规则实施协同行为及宽大处理的条款。这些细化规定有助于执法部门在实际操作中更加精准地识别和处理垄断行为。在滥用市场支配地位方面，详细阐述了认定市场支配地位的关键考量因素，并将滥用行为的表现形式具体化，诸如针对性解决"二选一"排他协议、数据垄断壁垒及"大数据杀熟"等社会热点问题，有效回应了社会各界的深切关注和广泛期待。此外，我国还在持续完善涉及平台经济的其他法律法规，包括电子商务、网约车、"互联网＋政务服务"、网络新闻、在线教育、互联网医疗等领域的管理制度。这些法律法规的不断完善，不仅为平台经济的各个细分领域提供了具体的监管依据，也为构建良好的法治环境奠定了坚实基础，促进平台经济健康有序发展。

平台企业的垄断问题是技术革命的产物，也是市场机制与监管体系演进的试金石。治理的目标不是限制平台发展，而是构建公平竞争、开放共享的数字生态。需进一步细化《中华人民共和国反垄断法》配套规则，明确平台责任边界，探索"数据确权"与"数据公平使用"制度，平衡创新激励与公共利益，避免"一刀切"监管。

（三）优化监管机制

平台经济的网络效应容易导致"赢家通吃"的局面，可能抑制创新和损害消费者利益。因此，如何维护公平竞争的市场环境，防止平台企业滥用市场支配地位，成为监管的重要课题。优化监管机制是保障平台经济健康发展的重要手段。

一是建立用户权益保护机制。用户权益保护是平台经济可持续发展的基础。平台企业应构建全面的用户权益保障体系，涵盖公平交易规则、高效争议解决机制及消费者教育服务等。同时，政府应加强监管，利用人工智能技术提升监管的精准性和智能化水平，确保平台企业履行社会责任，维护用户合法权益。保障消费者和劳动者权益，确保商品和服务的质量与安全，严格审核并监督商家，确保其合法合规经营。推动平台企业积极提升自身合规管理水平，不断完善自我监管机制，以有效防范、识别和应对风险。

二是健全协同监管机制。强化多元主体协同治理，促进部门间紧密协作，是确保平台经济有效监管的关键举措。促进各相关部门间的有效沟通协调，实现线上线下监管的无缝对接，确保审批、主管与监管权责明晰且协调一致。同时，加强社会监督，探索引入公众和第三方专业机构共同参与的监督机制，构建多方参与、多元共治的平台治理格局，形成全社会共同参与的平台经济治理合力。综合利用多种监管手段，如"双随机、一公开"监管、信用监管、"互联网＋监管"、跨部门协同监管等，实现事前事中事后全链条的监管。通过智能化、信息化的监管手段，提高监管效率和精准度。

三是完善跨部门协同监管机制。平台经济涉及众多领域和主体，需要多个部门共同监管。因此，必须健全完善平台经济跨部门监管协同机制，加强跨区域、跨层级的监管联动。通过加强信息共享和协作配合，形成对平台经济的全方位、多层次监管体系。随着全球数字经济的高速发展，平台经济已成为各国经济转型升级的关键，其全球性特征要求各国共同监管和治理，以应对跨境数字平台企业带来的政治影响和社会影响。因此，必须加强国际合作与交流，共同制定和实施监管政策和标准。通过深化国际合作与交流，汲取国际先进的监管智慧与经验，着力提升我国平台经济监管的效能与水平。共同制定国际规则和标准，解决跨境数据流动、税收征管等问题。要积极参与全球平台经济治理，提升我国在国际规则制定中的话语权。

四是加强平台经济的跨国治理。平台经济的跨国治理主要通过制定区域性协定、非正式规则以及建立跨国协调机构推动国际合作等途径实现。这些机制旨在平衡平台创新与风险之间的关系，促进平台经济的正向价值发挥，并通过数实融合带动更多产业的转型升级。区域性协定和非正式规则的建立，如《大阪数字经济宣言》和《日欧经济伙伴关系协定》，为数据跨境流动提供了治理框架，促进了数据的自由流通。各国通过制定和实施相关法律法规，加强了对平台经济的监管。这些努力共同推动了平台经济的全球治理体系建设，为平台经济的健康发展提供了法律和政策支持。欧盟推出《数字服务法案》与《数字市场法案》，针对美国互联网巨头等长期占据市场主导地位的大型数字平台，实施新的监管措施，以提升域外平台进入门槛，扶持本土平台企业成长。同时，欧盟还通过《通用数据保护条例》等法规，严格保护个人数据的安全，限制数据跨境流动，维护了数据主权。我国也积极参与平台经济的跨国治理，通过签署区域性协定如《区域全面经济伙伴关系协定》，与日本、韩国、澳大利亚等国家就数据跨境流动达成了一致协议。此外，我国积极申请加入《全面与进步跨太平洋伙伴关系协定》与《数字经济伙伴关系协定》，旨在加快与国际接轨的步伐，推进国家间数字贸易合作，并建立相关规范的数字贸易协定，以促进数字经济的便利化、自由化和信任环境的构建。然而，随着数字技术的不断创新和平台经济的不断发展，跨国治理仍面临诸多挑战。因此，各国需要继续加强合作，共同探索更加有效的治理机制，推动平台经济的健康、可持续发展。

（四）完善新就业形态下就业人员的权益保障机制

首先，健全非传统劳动关系权益保障机制。为适应经济社会发展和就业方式的变化，我们需要合理界定现有社会保障体系中的"灵活就业人员、新就业形态人员"，并为其量身定制企业、劳动者双方都能承受的社保参保标准及形式。同时，我们应加速推动基本劳动标准法的立法进程，明确界定新就业形态劳动关系的性质、构成要件，并制定全面的劳动者权益保障措施，从而为劳动者权益保障提供坚实的法律基础。加强新就业形态劳动权益行政、司法保护。将相关争议纳入劳动仲裁受理范围，完善诉非联动机制，支持快速维权。明确相关诉讼按劳动争议案件标准收取诉讼费、律师代理不适用风险代理，降低劳动者诉讼成本。同时，通过优化用工信息采集系统，实时监控用工情况和平台企业总单量，结合社会保险缴费基数的最新标准，更科学地调整社会保险缴费标准。

其次，推动社保扩面增效，确保新就业形态人员应保尽保。提升政策精度与广度，支持从业者参加城镇职工相关社会保险，逐步将其纳入工伤、失业、生育保险范围。进一步放宽中断补缴限制，增加补缴、预缴、不定期缴等多种结算方式。出台减税降费、财政补贴等政策，鼓励和督促平台企业落实用工主体责任，为从业人员提供必要的商业保险支持。提高参保意识，增强灵活就业人员参保意愿。在养老金政策中，加大缴费年限所占权重，引导参保人员多缴、长缴。优化参保缴费网上平台，打造便捷高效的社保服务体系。同时，加强社保政策宣传，鼓励灵活就业人员主动参保。

最后，强化平台内外监管，规范平台企业用工行为。平台企业需规范代理商和分包商资质，严格把关合作方准入条件。建立健全跨领域跨部门联动执法和协同监管机制，共同维护从业者权益。监督企业依法用工，科学合理设定劳动报酬及工作时间，保障劳动者合法权益。进一步明确与劳动者的法律关系，构建完善的劳动者权益保护体系，切实保障劳动者的合法权益不受侵犯。

第十一章
积极发展服务贸易、绿色贸易、数字贸易

2024 年的中央经济工作会议明确提出，"扩大高水平对外开放，稳外贸、稳外资"，并部署"积极发展服务贸易、绿色贸易、数字贸易"，体现了我国对开放型经济发展的高度重视。在全球化与数字化浪潮的推动下，服务贸易、绿色贸易和数字贸易已成为国际贸易领域的新热点。这些新型贸易形态不仅代表着未来贸易的发展方向，也是推动经济高质量发展的重要引擎。

积极发展服务贸易、绿色贸易、数字贸易，对于推动经济高质量发展、促进全球贸易繁荣具有深远意义。服务贸易的发展，是提升国家经济软实力和国际竞争力的重要途径，不仅有助于优化产业结构，还能创造大量高附加值的就业岗位。绿色贸易的兴起，是应对气候变化、实现可持续发展的必然选择，它强调在贸易活动中融入环保理念，推动绿色产品和服务的国际流通，不仅有助于引导企业采用环保技术和生产方式，减少资源消耗和环境污染，还可以促进全球经济的绿色转型。数字贸易的蓬勃发展，则是数字经济时代国际贸易的新趋势。它依托互联网、大数据、人工智能等先进技术，打破了传统贸易的时空限制，实现了贸易活动的数字化、智能化和便捷化。本章将深入探讨服务贸易、绿色贸易和数字贸易的内涵、发展现状、面临的挑战以及未来的发展路径。

一、中国服务贸易、绿色贸易、数字贸易进展

服务贸易、绿色贸易、数字贸易作为我国参与国际竞争和合作的新型贸易形态，不仅是高水平对外开放的重要方面，也是实现中国式现代化的有力支撑。推动服务贸易高质量发展，不光是扩大内需、深化供给侧结构性改革的必然要求，还是畅通国内国际双循环的内在驱动力。

（一）我国服务贸易发展的制度框架基本形成

从 1982 年开始，我国一直在努力推进服务贸易的全面和深入发展，并把服务贸易纳入了国家的五年发展计划。《"十四五"服务贸易

发展规划》明确提出了服务贸易从数量增长转向质量提升的发展目标，这不仅是服务贸易自身发展的内在要求，也是推动经济高质量发展、构建新发展格局的重要举措。当前，我国服务贸易在取得一定发展成就的同时，也面临着结构性矛盾突出、出口增速放缓、国际市场需求下降、国内产业转型升级缓慢等多重挑战，在此情形下，我国逐渐构建了一个以服务贸易中介和平台作为连接桥梁、以服务贸易试点项目为核心、以负面清单作为评价标准的服务贸易实践体系。2023年，一系列旨在稳定外贸的政策和措施，例如《关于推动外贸稳规模优结构的意见》正式发布并开始实施，这些政策和措施有助于鼓励企业稳定订单并拓展市场，解决外贸发展中的难题和瓶颈，提升贸易的稳定性和质量。正是在完善的制度保障下，面对全球经贸格局深刻调整、国际贸易增速放缓的国际大背景下，中国对外贸易实现了逆势增长，并保持平稳健康运行态势，主要指标均创历史新高，根据商务部发布的数据，2024 年我国服务进出口总额达到了 75238 亿元人民币，同比增长 14.4%。这一数据表明，我国服务贸易在总体规模上实现了稳步增长，服务贸易在推动贸易强国建设和实现高水平开放方面的作用越来越明显。

除了制定和实施服务贸易发展规划外，商务部还出台了跨境服务贸易负面清单。2024 年 3 月 22 日商务部印发了《跨境服务贸易特别管理措施（负面清单）》（2024 年版）和《自由贸易试验区跨境服务贸易特别管理措施（负面清单）》（2024 年版），这两个负面清单自2024 年 4 月 21 日起施行。这些负面清单的出台，标志着我国首次在全国范围对跨境服务贸易建立负面清单管理制度，明确了跨境服务贸易准入的"基准线"，有助于提升跨境服务贸易的制度型开放水平。跨境服务贸易负面清单是当前国际高标准自贸协定在跨境服务贸易领域作出开放安排的主要模式之一。中国已经在海南自由贸易港实施了跨境服务贸易负面清单，并计划在全国范围内推广，这一举措旨在促进中国高水平开放，让更多境外高水平服务提供者进入中国市场，共享发展机遇。

在服务贸易的创新发展方面，根据《国务院关于同意全面深化服务贸易创新发展试点的批复》的政策规定，我国在 21 个市辖区进行了服务贸易创新发展的试点，试点内容主要包括以下四个方面：第一，放宽市场准入，在医疗、教育、文化、体育等领域放宽外资市场准入限制，吸引更多境外高水平服务提供者进入中国市场。第二，推动创新发展，支持服务贸易企业加强研发活动和技术创新，提升服务质量和附加值。推动服务贸易数字化进程，加快发展数字贸易等新兴业态。第三，优化营商环境，加强知识产权保护，完善服务贸易统计监测体系，提高服务贸易的透明度和可预见性，同时加强与国际服务贸易规则的对接和协调，推动形成更高水平的开放型经济新体制。第四，加强国际合作，积极参与国际服务贸易规则的制定和谈判，推动建立更加公平合理的国际服务贸易秩序，加强与共建"一带一路"国家和地区的服务贸易合作，拓展国际市场布局。

（二）绿色贸易蓬勃发展

我国绿色贸易近年来呈现出蓬勃发展的态势，成为推动经济高质量发展的重要力量。从规模上看，我国绿色贸易进出口总额持续增长，年均增长率保持稳健，显示出强劲的发展势头。在全球绿色贸易格局中，我国的地位日益凸显，不仅绿色出口规模不断扩大，绿色进口也呈现出快速增长的态势。这得益于我国政府对绿色发展的高度重视以及一系列支持绿色贸易发展的政策措施的实施。在产品类别方面,我国绿色贸易涵盖了多个领域,包括环保技术、可再生能源、节能减排产品等。这些绿色产品不仅在国内市场受到青睐,还大量出口到世界各地,满足了国际市场对绿色、环保产品的需求。同时,我国绿色贸易的市场结构也在不断优化,与发达国家的贸易往来更加紧密,同时也积极开拓发展中国家市场,实现了市场多元化。此外,我国绿色贸易的发展还带动了相关产业的转型升级,促进了绿色技术的研发和应用,提高了资源利用效率,降低了环境污染,实现了经济效益和环境效益的双赢。

在区域发展上,我国绿色贸易呈现出不均衡但协同共进的特点。东部沿海地区凭借经济基础和开放优势,在绿色贸易领域先行先试,形成了较为完善的产业链和市场体系;中西部地区则依托资源禀赋和产业特色,加快绿色产业布局,绿色贸易增速显著。这种区域协同发展模式,不仅推动了全国绿色贸易的整体进步,也为区域经济协调发展注入了新动力。

(三)数字贸易规模持续扩大

随着数字技术的高效进步及广泛应用,电子商务、虚拟化技术和大数据分析等相关领域得以飞速扩张,并促进了数字化交易的大幅提升,数字贸易正成为国际贸易发展的新趋势和新的经济增长点。《中国数字贸易发展报告2024》显示,2023年,全球数字化交付服务出口额4.25万亿美元,同比增长9%,占全球服务出口的54.2%,规模再创历史新高。2019年至2023年,全球数字化交付服务出口年均增速达10.8%,高出同期服务出口增速4.9个百分点。数字贸易在全球范围内都呈现出强劲的增长势头。中国的数字化交易发展速度与规模都居全球领先地位。具体来看，2023 年中国可数字化交付的服务进出口额约 3859 亿美元，同比增长 3.5%。其中，出口额约 2190.4 亿美元，同比增长 4%；进口额约 1668.6 亿美元，同比增长 2.9%。我国的数字服务贸易依然呈现出顺差状态，国际竞争力持续提升，贸易顺差 521.8 亿美元。这些数据显示出中国在数字贸易领域的强劲实力和巨大潜力，中国成为引领全球数字技术创新与贸易增长的重要增长极。

首先，中国作为全球范围内重要的电子商务市场的一部分，数字贸易的规模持续扩张，特别是在跨境电商、可数字化交付服务等领域成为国际经贸交易的重点合作对象。截至 2023 年底，中国的跨境电商进出口总值达到了 2.37 万亿元人民币，同比增加了 15.3%，出口金额达到 1.84 万亿元人民币，比去年提升了 20.2%。人工智能、产业链与跨境电商的融合新兴行业也展现出了强劲的发展势头。其次，数字贸易结构不断优化。在数字贸易快速发展的过程中，加强数字经济基础设施建设，大力发展数字内容、智能制造等高端数字贸易领域，推动数字贸易结构不断优化。2014—2023 年间，中国的生成式人工智能发明超过 3.8 万项，位居世界第一。同时，我国加强了与其他国家和地区的数字贸易合作，推动数字贸易自由化便利化进程，国际数字贸易合作不断深化。最后，中国积极参与全球数字贸易规则制定和协商，推动开放型世界经济的构建。通过深化国际合作，我国数字贸易的国际竞争力不断得到提升。总的来看，数字贸易正在转变为中国重塑要素资源、改良外贸结构、全方位塑造新发展优势的关键力量，前景极其宽广。①

---

① 参见中华人民共和国商务部：《中国数字贸易发展报告 2024》，2024 年 10 月 17 日。

二、当前我国服务贸易、绿色贸易、数字贸易发展面临的风险和挑战

进入新时代，我国对外贸易发展机遇与挑战并存。在扩大贸易渠道、普及数字基础设施、扩展国际市场等方面迎来重大利好；同时在国际竞争、数字服务贸易壁垒、数据安全等方面面临诸多挑战。

（一）服务贸易非关税壁垒繁多，国际规则话语权和参与权不高

现阶段，中国知识产权的维护以及进入跨境数据流动等方面面临多种非关税障碍。这些问题已经严重影响到了服务贸易的进一步发展。其一，代表发达经济体的美国和欧盟已经成为国际服务贸易的领军者、倡导者，这无疑为我国服务贸易的进一步发展设置了障碍。其二，全球范围内的数字贸易规则正在酝酿新突破，而发达国家却积极布局，并利用数字技术构建"信息高速公路"，对发展中国家发起"技术标准战"，不断蚕食新兴市场的利益空间。其三，发达国家利用技术优势，通过制定或实施如《美国-墨西哥-加拿大的协定》《美日数字贸易协定》等一系列标准法规来限制我国数字贸易的出口，为我国在数字服务贸易方面设置了某种程度的障碍。数字贸易与服务贸易是相互促进的，因此，如何突破外部循环中的数字贸易非关税障碍，积极参与全球数字贸易的规则制定，并确保在全球数字服务贸易领域的国际治理中保持话语权和维护利益，将是我国未来服务贸易发展所面临的核心挑战。

随着国际经贸规则从"边境上"转向"边境后"，以及向区域内

的"高标准"和区域外的"强排他"方向的转变，国际经贸规则迫切需要进行深入的调整。一方面，多边贸易体制正面临着合作机制碎片化和地域化的多重挑战，美国等发达国家主导下的国际贸易新秩序尚未建立，各国间围绕数字贸易协定谈判不断升温，对发展中国家形成了较大威胁；另一方面，我国作为全球最大的发展中国家，积极参与到了以美国为主导的新一轮全球价值链分工体系中，对其进行有效规制是大势所趋。中国正面临着加入《全面与进步跨太平洋伙伴关系协定》所带来的内部产业调整压力、内部规则的演变以及与国际关系的挑战。中国在参与国际经贸规则制定方面的能力受限，在国际经贸治理体系中提出的中国方案也相当有限，这使得我国在外部发达国家"重返"亚太战略下，经济安全面临冲击，不利于对外服务贸易方面的进一步发展。

（二）服务贸易全球市场份额增长迟缓，出口竞争优势不显著

从全球服务贸易的规模占比和业态结构来看，我国服务贸易中附加值高、技术含量低的传统服务业比重过大，导致整体数字服务贸易额偏低，而新兴技术密集型行业发展滞后，并且对发达国家数字服务贸易依赖过高。其一，我国服务业国际竞争力整体水平偏低。中国的数字服务贸易仍在发展中，与发达国家相比，我国数字产品的质量和服务标准仍有明显的差距，而且在高新技术研究的专业化方面也显得不够充分。其二，服务贸易的基础设施布局仍然存在不平衡，尤其是在城市与农村以及中东部与西部地区之间，供应的不均衡和不协调仍然是一个问题。在中国的服务贸易区域布局中，中部地区与西部地区的服务贸易呈现加速融合趋势。知识密集型的服务出口更多地倾向于东部地区，而劳动密集型的服务出口则主要分布在中西部地区。2023

年，东部地区可数字化交付服务进出口规模达 3530.7 亿美元，全国占比高达 91.5%，中部、西部、东北地区可数字化交付服务进出口规模占全国的比重仅为 8.5%。

（三）绿色贸易壁垒较多，绿色贸易标准和认证体系不完善

当前，我国绿色贸易在发展过程中正遭遇着一系列困境与挑战。绿色贸易壁垒的日益严苛成为首要难题，部分发达国家以保护环境和生态为由，设置了复杂且严格的绿色标准和认证体系。这些壁垒要求我国企业在生产过程中遵循更高的环保标准，增加了产品出口的成本和难度。例如，欧盟即将全面实施的碳边境调节机制，将对我国高碳产品的出口构成重大阻碍，迫使企业不得不投入更多资源进行碳足迹核算和减排。

此外，我国绿色贸易自身的发展也面临诸多内部挑战。绿色贸易标准和认证体系的不完善，导致市场上绿色产品真伪难辨，影响了消费者的信任度和购买意愿。同时，部分企业在绿色转型过程中存在技术瓶颈和资金压力，难以在短期内实现全面绿色化生产。这些内部问题限制了我国绿色贸易的快速发展，也削弱了我国在全球绿色贸易市场中的竞争力。面对这些困境与挑战，我国绿色贸易需要不断探索创新，加强自身建设，以应对日益复杂多变的国际绿色贸易环境。

（四）数字产业领域的关键核心技术存在短板

中国数字经济发展的成就多源于商业模式的创新和资金的扩展，而对于关键技术的研发投资则较为薄弱，尤其是在某些基础性关键科技领域存在明显的缺陷，这使得我国与先进国家的距离拉大。

一方面，作为世界顶尖的信息通信科技服务的供应商，美国在物联网、大数据、区块链及 3D 打印等先进技术领域占据了主导地位，其领军企业的壁垒难以逾越。当今世界的经济贸易环境愈发复杂化，发达国家的信息通信科技和产品对华的出口限制也在不断加码，这使得我国面临的核心技术被控制的风险逐渐增大，有可能成为制约中国数字产业发展甚至数字贸易发展的关键因素。在诸如人工智能、半导体这类与信息通信相关的创新前端的高科技行业中，国产企业利用全球资源、扩展全球市场的难度都在增加。而全球性的融资困难、进口高端设备难、进入海外市场更难等现实问题，对于公司实施跨境收购的国际经营活动、整合国际资产、获得技术援助等构成了重大阻碍。

另一方面，数字服务贸易创新动力不足、创新环境不佳。模式创新与资金扩大的自主性缺乏，中国数字化基础设施建设尚不完善，对知识产权的保护也不够充分，导致了大中型的数字公司股价的大幅下降，从而影响到中国企业的全球扩展能力。新兴科技创新公司的融资受到国外风险投资的支持有限，创新成果难以实现商业化的运用推广，而那些有潜力成为"独角兽"或上市公司的创业公司也未能获得足够的资源来壮大自身。这种状况严重限制了中国数字科技企业的成长。

（五）数字市场环境建设尚不完善

目前，我国的数字化市场框架尚待优化，其内部存在着显著的不平衡现象，并未打造出一个协调且有效的数字市场环境。这在某种程度上限制了数字技术产业的发展，也对我国数字产品国际竞争力的提升产生了负面影响。国内市场逐渐饱和，竞争日趋激烈，过度的内部竞争可能引发一些如垄断行为、资本恶性扩张及侵害用户利益等问题，这些都可能会阻碍中国数字贸易的长远发展。

第一，因为关于数据所有权、定价及保护等相关的制度与规定仍在发展中，数据要素流动受限，这使得各公司和各级政府之间的数据交换变得相当复杂。数据"条块分割""信息孤岛"的现象抑制了初创科技企业的成长与市场竞争力的提高，不利于其更深层次地嵌入国际产业链的运作，对商业模式的创新和公共服务的改进造成了障碍。

第二，地区性的分割和地域保护主义阻碍了数字贸易服务开展，部分地区的管理规定和当地政府对于外资企业的运营实施了限制措施，更倾向于支持本地企业。然而本土中小型数字服务企业对于保护的过度依赖性，致使其竞争能力有限，难以扩大到国内甚至全球的市场。若中国不能积极推进数字经济的国际化步伐并鼓励数字贸易的发展，提高外部循环的能力，将可能错过全球数字发展的机遇，并在与美国等国的数字化竞争中继续落后。

第三，政务服务的连接性不足，存在标准差异和数据互通滞后等问题。这使得数字服务公司在跨地域运营业务时需要多次递交各种不同标准的文件以满足各种监管需求。具体来说，贸易企业和产业链上下游企业的数字化转型需求与匮乏的诊断、供需对接等数字化服务供给不匹配，在"不会转""不能转""不敢转"等方面缺乏统筹规划与服务。同时，现阶段的数字转换过程存在着缺少能全面负责战略咨询、架构设计和数据管理等多项核心职责的第三方公司的问题。目前的市场产品大多为通用的解决方法，无法有效满足顾客及各行各业的个性化需求。再者，对许多小规模的企业来说，市面上的各种软件、大数据处理和云计算的服务提供商质量参差不齐，缺乏明确的行业标准，选择困难相对较大。

三、积极发展服务贸易、绿色贸易、数字贸易的政策建议

在数字化、全球化的时代背景下，我国需要尽快在技术革新、产业升级、市场环境改善、数字治理体系健全以及国际贸易规则制定等关键领域推动服务贸易、绿色贸易、数字贸易的创新和扩大。

（一）推动传统服务的数字化转型，布局新兴的数字服务业

在构建数字贸易策略的过程中，着重将推动数字服务产业的成长置于核心地位。为此，需要充分调动服务贸易创新发展试验区的引领作用，输出数字贸易行业改革成果，以促进中国数字服务产业、商业实体、产业聚集地和产业生态环境的蓬勃发展。具体的措施可以分为以下三个方面：第一，致力于培育基于数字化平台的虚拟产业集群，推动数字化产业向多元化、创新化、梯次化方向发展。特别地，强调提升服务业在数字技术应用方面的能力，加速数字贸易领域解决方案的探索，并强化基础软硬件的支持，促进产业链上下游及跨行业的数字化生态体系构建。第二，加大力度引进数字贸易新业态和优质企业，特别是以数字贸易示范区为着力点，提升数字贸易的开放度和发展水平。例如，在海南、珠海深度合作示范区等开放度高的经济区域，积极探索、加快构建境内外联动的数字贸易环境，以促进数据跨境自由流动、数字服务市场开放、互联网接入便利化，为引进数字贸易相关产品、服务、资金、人才和企业创造有利条件，从而推动国内国际双循环相互促进的新发展格

局。第三，着力推进跨境电商业态的创新升级。一方面，促进跨境电商与全球产业链的深度融合，推动电商平台模式和独立站模式的并行发展，通过加强品牌培育、合规监管、产权保护以及电商渠道建设，为电子商务平台提供有力支持；另一方面，鼓励 B2B 跨境电商的持续发展，特别是在垂直电商、工业品电商等领域深耕细作，推动制造业向个性化、定制化方向发展，为制造业的高质量发展注入新动力。

（二）营造良好的市场环境，构建以国内大循环为主体、国内国际双循环相互促进的新发展格局

在全球一体化的大背景之下，数字贸易服务市场已经崭露头角，成为推动数字科技与产业进步的关键动力。我国作为全球最大的数字贸易中心之一，面临着巨大的机遇与挑战。为了保证数字贸易健康和有序发展，各个国家都在积极地建立与之匹配的秩序准则。我国应抓住这一历史机遇，通过制定完善的数字贸易法体系来应对数字贸易壁垒。具体的措施涵盖了以下三个主要方面：第一，需要尽快建立一个国内统一的数字交易市场，这不仅可以推动技术的创新、产业的培养和规则的输出，还可以促进高品质数据在国内外市场的流通和交易。此外，国家层面也应该加快推动我国各区域间信息共享平台建设，形成"一网到底"的网络格局，使不同行业、领域之间能够实现互联互通。因此，有必要对数据在权利确认、交易、应用和保护等多个方面的规章制度进行完善，以便更广泛地开发和利用数据资源。与此同时，实施全国统一的监管、服务和标准将有助于消除区域隔离和地方保护，激励地方政府建立合适的补偿机制，以减轻数字服务净流入地区的财政负担，进而改善整体的数字营商环境。第二，为了创造开放、公正、公平且无歧视的数字化国际发展环境，积极地参与多方和双边的数字贸易规则谈判，进一步深化双方的互利合作，减少潜在的利益冲突，并对单方面的制裁行为加以约束。这样做不仅可以增强贸易的防护能力和完善保护措施，还可以高效地利用全球资源来加速国内技术产业的发展。同时，通过主动地扩大对外开放、增加进口量，强化产业链的稳健性，能够有效地应对外界的制裁措施，从而完善防御性贸易政策的"工具箱"。第三，为了促进数字贸易在国内外双重循环中的和谐发展，仍需在数字领域加大双向高水平的投资力度。这种做法不仅可以增加高技术服务行业中外国投资的比例，还有助于优化对外投资的构成和收益，从而加快内外贸易一体化的步伐，进一步强化与美国、欧盟、东盟等国家和组织的多边投资合作框架，以推动数字贸易的整体进步。

（三）优化政策环境，降低参与服务贸易企业的运营成本

第一，简化审批流程与减少行政干预。对服务贸易领域的行政审批事项进行全面梳理，取消不必要的审批环节，优化审批流程，提高审批效率；同时，减少政府对市场的直接干预，让市场在资源配置中发挥决定性作用。通过深化"放管服"改革，加快建设统一开放、竞争有序的市场体系，促进服务业特别是生产性服务业高质量发展。积极稳妥地扩大市场准入范围，加快服务业扩大开放步伐，平衡开放与安全的关系，为技术资源的高效分配和跨国流动创造一个有利的环境，进一步推动中国的服务贸易营商环境向更好的方向发展。第二，完善税收优惠政策。针对服务贸易企业，特别是中小企业和创新型企业，制定更加优惠的税收政策，如降低企业所得税率、提供研发费用加计扣除等，减轻企业税负。第三，加强法律法规建设。建立健全服

务贸易领域的法律法规体系，明确服务贸易的界定、分类、统计等标准，保护服务贸易中的合法权益，打击不正当竞争行为，为服务贸易发展营造良好的法治环境。

（四）强化政策引领，加速我国绿色贸易转型升级

在当前全球绿色转型的大潮中，我国绿色贸易正面临着前所未有的发展机遇与挑战。为了推动我国绿色贸易的高质量发展，以下政策建议显得尤为重要。第一，必须完善绿色贸易的政策框架。政府应出台一系列鼓励和支持绿色贸易发展的政策措施，明确绿色贸易的发展方向和目标。这些政策应涵盖绿色产品的生产、加工、运输、销售等各个环节，确保绿色贸易的全链条绿色化。同时，政府还应加强对绿色贸易的监管，建立健全绿色贸易标准和认证体系，提高绿色产品的质量和信誉度。第二，加大财政和金融支持力度是推动绿色贸易发展的关键。政府可以通过设立绿色贸易专项基金，为绿色企业提供财政补贴、税收减免等优惠政策，降低企业的绿色转型成本。此外，金融机构也应加大对绿色贸易的信贷支持，为绿色企业提供低息贷款、绿色债券等金融产品，帮助企业解决资金难题。第三，推动绿色技术创新和应用是提升我国绿色贸易竞争力的核心。政府应加大对绿色技术研发的投入，鼓励企业、高校和科研机构开展绿色技术合作与交流，促进绿色技术的创新和应用。同时，政府还应加强对绿色知识产权的保护，为绿色技术的创新和应用提供有力保障。第四，加强国际合作与交流也是推动我国绿色贸易发展的重要途径。我国应积极参与国际绿色贸易规则的制定和谈判，推动全球绿色贸易的健康发展。同时，加强与发达国家和发展中国家的绿色贸易合作与交流，学习借鉴国际先进经验和技术，提升我国绿色贸易的国际竞争力。第五，提高公众

对绿色贸易的认知度和参与度也是不可忽视的一环。政府应加强对绿色贸易的宣传和教育，提高公众对绿色贸易的认识和理解。同时，鼓励消费者购买绿色产品，形成绿色消费的良好风尚，为绿色贸易的发展提供市场动力。

第十二章
大力发展县域经济

　　新型城镇化战略与乡村振兴战略同为党中央的重大战略部署，统筹新型城镇化和乡村全面振兴也是 2025 年经济工作的九个重点任务之一，而县域经济发展是这项工作的重要落脚点。县域是乡之头、城之尾，大力发展县域经济，对于从统筹城乡区域发展的层面做好 2025 年经济工作有着重要意义。

2024 年中央经济工作会议提出，统筹推进新型城镇化和乡村全面振兴，因地制宜推动兴业、强县、富民一体发展，大力发展县域经济。严守耕地红线，严格耕地占补平衡管理。抓好粮食和重要农产品稳产保供，提高农业综合效益和竞争力。保护种粮农民和粮食主产区积极性，健全粮食价格形成机制。因地制宜推动兴业、强县、富民一体发展，千方百计拓宽农民增收渠道。发展现代化都市圈，提升超大特大城市现代化治理水平，大力发展县域经济。

一、县域经济发展的重要意义

县域经济是以县城为中心、乡镇为纽带、广大农村为腹地的区域经济，是城镇经济与农村经济的结合点，是工业经济与农业经济的交汇点，特殊的区位和特殊的部门功能决定了县域经济在我国城镇化和现代化进程中的特殊地位。习近平总书记在中央党校第一期县委书记研修班座谈会上指出："在我们党的组织结构和国家政权结构中，县一级处在承上启下的关键环节，是发展经济、保障民生、维护稳定、促进国家长治久安的重要基础。"在现代化强国建设的新征程上，坚定不移地推动县域经济高质量发展，是适应社会主要矛盾变化、实现城乡区域融合协调、推动国民经济高质量发展的重中之重。

（一）县域经济是产业结构转型升级的重要枢纽

产业是县域经济的命脉，产业结构升级是县域经济实现高质量发展的支撑；反过来，县域也为产业结构升级提供了重要的载体，是实现经济高质量发展的区域经济枢纽。当前，县域经济的产业发展仍然存在着产业结构层次低、要素投入效率不高、科技研发能力较弱以及配套建设相对滞后等问题。县域经济不仅要和中心大城市形成高低互补、错位发展的垂直分工格局，也要立足自身优势，加快创新步伐，在高端制造等产业的升级换代进程中担当排头兵。为此，要深入推进供给侧结构性改革，淘汰落后产能，加快传统产业的技术改造，延伸产业链条，重点培育和发展战略性新兴产业，做优做强特色型产业，从而实现新旧动能转换，构建出结构合理、优势明显的现代化产业体系，为支撑起县域经济乃至国民经济的发展奠定基础。

（二）县域经济是城镇化均衡发展的战略支点

从成功迈入高收入经济体国家的城镇化道路来看，均衡型城镇化和非均衡型城镇化模式都有成功的例子。而对我国来说，日韩等国的非均衡型城镇化模式并非最优选择，欧美国家的均衡型城镇化道路则是实现我国城镇化健康发展的必然选择。其一，作为一个有着 14 多亿人口，未来将有近 10 亿城镇人口的大国，绝无可能像日韩那样，通过将人口集中在少数几个特大城市完成全国城镇化的任务，广大中小城市应发挥更大作用，而县域将成为人口疏解的重要空间。其二，根据农业总劳动日测算，中国当前农业实际需要的劳动力数量仅为1.2 亿左右，未来随着农业技术进步，农业劳动力需求量将更少，因此还有大量的农业人口有待转移，县域必将成为农业转移人口就地转移的主要目的地。其三，当前农民工迁移模式仍然以住户中部分个体外出为主，举家迁移比例较低，这意味着未来的农业转移人口将主要由农民工家属等非劳动力群体组成，县级城市显然比地级以上的大城市更有利于这些农业转移人口实现城镇化。

（三）县域经济是乡村振兴的动力龙头

乡村要振兴，关键是要发挥出内生动力，而这一动力的龙头就是县域。县域经济是城市经济和乡村经济的联结点，也是"以工补农、以城带乡"的最佳桥梁。反过来看，乡村振兴是以县域经济为牵引，带动乡镇村落同城市融合发展，最终实现新型城镇化的一个过程。在县域城镇化力量的推动下，城乡的发展要素更加有机地融合：农业转移人口和返乡农民工将依托县域进行城乡双向流动；城市工商资本将以县域为据点推动乡村产业重构、促进一二三产业融合；城乡统一的建设用地市场的形成、土地资源的优化配置也将主要借助于郊县、特色小镇等空间来实现。

二、当前县域经济发展面临的问题

县域经济在国民经济中占据重要地位，但其发展存在诸多问题，成为城乡高质量发展和区域协调发展的重要制约因素。具体问题包括产业结构单一、发展规划不合理、基础设施建设滞后、人才流失严重以及治理成本较高等。

（一）产业结构较为单一，产业发展成熟度低

在我国，大部分县域产业结构相对单一，经济发展平衡性欠佳，这成为制约县域经济发展的关键因素。农业在县域经济中占据主导地位，而工业和服务业发展相对滞后，尽管农业在县域经济中占比较大，但许多地方的农业生产方式仍较为传统，现代化水平不高。农产

品多为初级产品，缺乏深加工和高附加值产品，科技创新能力不足，导致产业发展处于较低水平。除此之外，农业带动的工业多为农产品加工业，经营主体分散、竞争力弱，服务业也呈现明显滞后态势，文化旅游等新兴领域尚未形成规模化的经济增长极，对区域发展的驱动力有待增强。

（二）经济发展规划不够合理，产业转型难度较大

合理的经济规划对区域发展极为关键，它能有效整合资源，促进经济和产业升级。但事实上，不少县域在规划上存在短板，定位模糊、布局混乱，未能充分发挥自身的区位优势，也未合理利用发展空间，现代化产业体系难以快速构建，主导产业和产业集群缺乏发展机会和承载平台，进而阻碍了县域经济的进一步发展。现如今，经济发展已从"重速度"转向"重质量"，高质量发展成为各地共识，在此趋势下，县域经济要实现高质量发展，必须走产业转型升级之路，以此筑牢基础。但由于县域自身产业结构不合理，农业占比过高，工业和服务业发展不足；而且随着经济下行压力增大，资金、技术、人才等要素流失严重，导致转型之路充满困难。产业同质化、传统产业低位运行、产品附加值过低等现实问题均给县域经济发展带来了困难，现有的经济结构性矛盾仍然存在，难以为经济发展提供内生动力。①

（三）基础设施建设滞后，制约县域经济发展

县域经济的发展离不开良好的环境，但部分地区由于规划滞后、

---

① 参见董雪兵、韩奇：《县域经济发展：问题透视与对策》，《国家治理》2024 年第 5 期。

经济规模小、基础设施不完善，成为经济发展的制约因素。从产业的角度来看，部分县域的基础设施建设不到位，供水、供电等设施不完善。水电等基础能源对产业发展至关重要，若县域的水网、电网等基础设施建设滞后，必将导致企业生产受限，严重影响县域经济的健康发展。此外，交通设施的不完善也是制约县域经济发展的重要瓶颈。交通条件与经济发展紧密相连，我国地域辽阔，各地地形地貌差异大，东部沿海地区交通便捷，县域经济发达；而中西部地区，位置偏远，多群山环绕，交通不便，制约了县域经济发展。交通条件不佳使得货运物流成本高、耗时长，对产业发展有所掣肘，进而影响投资和人才的流入。①

（四）人才流失较为严重，科研创新能力不足

县域经济发展需要产业、资金、政策和环境、服务共同发力，但目前存在一些问题。首先是人才流失这一县域普遍面临的窘境。大城市虹吸效应强，年轻人和优秀人才更倾向于选择大城市，以寻求更好的工作和生活条件，造成县域人才储备不足。此外，我国县域教育资源和科研实力相对薄弱，缺乏高等院校和科研机构，产业发展缺乏科技支持，经济水平不高也使得县域对科研人才吸引力不足。近年来，尽管很多县域在政府的扶持和推动下加强了与高校、科研机构的合作，但尚未从根本上解决县域科研实力不足的问题。② 从人口分布来看，县域内近三分之一的人口集中在县城及县级市城区，其余三分之

---

① 参见高昕：《后发地区县域经济跨越式发展的障碍与突破》，《区域经济评论》2022年第2期。

② 参见鄢兆俊：《县域经济发展中的问题及其解决措施》，《中国管理信息化》2024年第24期。

二分散在乡村，但县域公共资源原本就存在较大缺口，再加上基础设施配置效率低下、公共服务质量不高、资源利用缺乏保障机制，使得公共资源匮乏问题更加突出。

（五）政府治理成本高昂，挤压经济发展调控空间

县域发展在政府治理上的高昂成本使财政面临诸多困境。首先，是众多学者指出的组织机构冗杂。我国基层行政组织架构在设计和运行过程中，各县级行政单位的党政部门设置以及职能分工大致相似，通常拥有约40个下属机构。这种"一刀切"的设置模式，使得不论县域人口数量、经济规模如何，都必须维持一个体量相当的行政体系来保障正常运转。其次，县域财政支出中有很大一部分被用于保工资、保运转，过高的占比极大地限制了基层政府的经济调控能力，进而对县域经济的持续发展产生不利影响。最后，在财政收入方面，大部分县域对上级转移支付存在较大依赖，自身财政收入能力有限；在财政支出方面，除了上述问题外，还面临着高治理成本的制约，使得有限的财政资金难以有效用于经济发展和民生改善，进一步加剧了县域经济发展的财政困境。

三、推动县域经济高质量发展的原则

推进以县城为重要载体的新型城镇化建设，发展各具特色的县域经济，为高质量推进新型城镇化建设指明了方向。大力发展县域经济，必须完整准确全面贯彻新发展理念，坚持高质量发展这一根本原则。

（一）推动县域经济高质量发展，要牢固树立和践行新发展理念

必须坚持以习近平新时代中国特色社会主义思想为指导，进一步解放思想，打破传统、僵化的发展模式，牢固树立和践行新发展理念，把创新作为高质量发展的第一动力，追求更加协调的高质量发展，不走"先污染后治理"的粗放型发展老路子，把开放作为高质量发展的活力来源，确保人民共享高质量发展成果。坚持全要素、全产业链、全地域谋划、布局和发展县域经济，全面增强县域经济的实力，确保县域经济成为国民经济发展和富民强省的重要支撑力量。此外，我国各地区发展的条件不一样，发展的实际情况也不均衡。因此，要拥有更加宽广的视野和开放的思维，从各地区的基础设施建设、资源禀赋、交通区位和民风民俗等方面入手，将新发展理念同县域自身的实际情况相结合，充分发挥本地区的特色优势，重点培育特色产业和发展新兴产业，不断提高县域经济发展的质量和效益。

（二）推动县域经济高质量发展，要立足区域特色实现错位发展

县域经济竞争力的强弱是与经济特色化的程度直接挂钩的。因此，各地区要形成具有特色的地方品牌，让特色成为县域经济发展的根本动力。要坚持立足实际、扬长避短和突出特色的原则，结合区域协调发展战略和区域经济板块的实际要求，找准自身的战略定位和发展方向，把县域先天的自然禀赋优势转化为后天的发展竞争优势。主动适应新时代国家和地方发展的新变化，顺应新产业、新业态和新商业模式发展的新要求，向深挖掘出县域内独特的发展潜力，实现差异化发展。立足于县域自身比较优势，如自然资源、区位、劳动和交通条件等，培育独具特色的产业，生产和提供有特别使用价值的产品和服务。紧随市场需求的变化，聚焦于特定市场，实现特色产业的发展和市场的精准对接。通过扩大特色产业集群规模和升级产业价值链等方式来提高县域经济的专业化程度和市场竞争力，推动产业的不断转型升级，实现县域经济稳定、持续发展。

（三）推动县域经济高质量发展，要抓住城乡融合发展这个"牛鼻子"

从县域自身的特点看，县城是连接城市和乡村发展的结合点，还是城乡生产要素实现有序流动的载体和枢纽。县域经济是区域发展最基本的经济单元。当前，我国县域覆盖面积广，人口众多，承担着全域乃至国民经济发展的重任。强国之基在于强县，习近平总书记在河南调研指导时提出了县域治理的"三起来"，要求把城镇和乡村贯通起来。因此，要提高城乡基本公共服务均等化程度，加大基础设施建设力度，加快推进三网融合，织密城乡交通网。坚持新型城镇化与乡村振兴的同时驱动，优化城乡要素配置，形成新的发展动力和新市场。通过引进先进的技术、管理经验以及大量的资本，推动城乡的一二三产业融合发展。不断完善新型农业合作组织的利益联结机制，让农民共享城乡融合发展的红利。立足资源禀赋，不断吸引要素聚集，大力发展高品质特色小镇，建设生态宜居的美丽乡村。

（四）推动县域经济高质量发展，要释放体制机制改革这个总动力

制约县域经济发展的主要因素之一是存在体制机制的障碍。要坚定不移地推进全面深化改革，向改革要动力，靠改革解难题，把改革和发展统一起来。不断完善体制机制和政策体系，为县域经济高质量发展提供充分的制度保障。优化政府机构设置和职能配置，加快政府职能转变，深入推进"放管服"改革，提供高效、便捷和优质的政务服务，构建"亲"和"清"新型政商关系。加强市场主体培育，创新招商引资方法，营造优质的营商环境。完善负面清单制度，降低市场准入门槛和企业运营成本，增强市场参与主体的活力。进一步深化国有企业、金融体制、财政体制等重点领域改革，为县域经济高质量发展提供更加充分的资本和技术支持。坚持人才至上原则，完善人才管理机制，培养和吸引更多的优秀人才投身于县域经济发展中。进一步扩大对外开放的合作力度，积极参与共建"一带一路"，广泛聚集国内外的先进生产要素为我所用，拓宽投资、生产和销售的空间，提高自身发展层级，打造县域经济开放发展的新高地。

四、推动县域经济发展的路径

县域经济的发展与改革需要兼顾。在发展方面，重点在于推动县域经济社会的持续进步，包括探索新的财富创造途径、培育经济发展的新增长点、提高城乡居民尤其是农村居民的收入水平。在改

革方面，关键在于确保县域经济的平稳高效运行，这需要通过合理的政策和制度设计来实现经济目标，涉及行政改革和机制创新等多个方面。

（一）立足本地特色，因地制宜发展优势产业

县域经济的根本在产业，优化县域经济结构需从多维度切入。在资源禀赋独特的地域，文旅融合可作为突破口，通过设计农耕体验游、非遗研学游等主题线路，构建复合型旅游消费场景。政府部门应当强化要素保障体系，建立财税优惠、项目审批等配套机制，重点培育具有市场潜力的特色产业。在产业布局层面，需建立动态评估机制：对成熟产业实施品牌提升工程，通过技术升级延长产业链；对新兴业态采取梯度培育策略，重点扶持数字农业、文化创意等跨界融合项目。区域经济协调发展要注重资源配置效率，推动生产要素向优势领域集聚，可建立跨乡镇产业协作平台，鼓励龙头企业带动中小微企业专业化配套。对于存在短板的产业板块，可通过设立产业引导基金、搭建技术转化中心等方式注入发展动能，同时加强县域商业体系建设，完善冷链物流、质量检测等基础设施配套。

（二）创新体制机制，壮大新型集体经济

破解县域经济薄弱环节需重点突破农村发展瓶颈，深化集体资产确权赋能与创新经营模式成为关键突破口。首先，构建县域协同发展格局，通过跨村联建、片区组团等模式实现资源整合，促进强弱村形成产业互补、设施共享的发展共同体。其次，立足区域资源禀赋差异，各地通过培育地理标志农产品、开发乡村旅游、农事研学、健康

养生等复合型产业，推动传统农业向现代服务业延伸。浙江"千万工程"的成功实践表明，系统盘活闲置农房、集体建设用地等沉睡资产，能够显著提升集体经济造血功能。创新土地运营机制尤为重要，盘活闲置土地资源、创新土地托管经营模式、建立股权合作机制已成为提高资产收益率的重要手段。此外，治理体系现代化是集体经济可持续发展的保障。推动村级经济组织向专业化运营转型，建立职业经理人制度，完善法人治理结构，确保集体资产运营合法合规，同时构建科学合理的收益分配体系，使农户既能获得土地流转收益，又能分享产业增值红利。

（三）坚持公平原则，促进城乡基本公共服务均等化

我国城乡之间公共资源的供给和配置存在着显著差距，城乡公共服务效能提升需突破多重制约。在优化资源配置过程中，应着重强化政府职能转型，将财政资金更多投向乡村薄弱领域。以教育领域为例，可通过设立专项补贴机制提升乡村教师薪酬待遇，同步实施教学设施升级工程，形成人才引进与硬件设施改善的双向促进。当前部门间存在的行政壁垒，导致养老托育、社会救助等民生项目难以形成合力。通过建立多部门联席会议制度，整合卫健、教育、民政等系统的服务资源，可有效提升基层公共服务的供给效率。推动建立包含资金使用效率、服务覆盖人口、群众满意度等维度的评价指标，定期开展第三方成效评估，对于教育培训、医疗卫生等核心领域，可探索建立动态监测平台，通过数据分析实时掌握资源配置偏差，及时调整财政投入方向。同时完善社会力量参与机制，通过税费减免等政策引导企业投资建设托育机构，形成政府主导、多元补充的服务供给格局。

（四）培养乡土人才，促进人才集聚

县域人才体系建设是经济发展的重要基础保障。建立差异化人才培养方案尤为重要，根据乡村实际需求制订农业技术、电商运营等专项培训计划，通过"理论授课＋田间实践"相结合的模式提升培训实效。在制度保障层面，强化政策支持，打破人才分布不均的格局。允许农技人员在县域范围内跨乡镇调配，缓解技术力量分布不均问题，同步组织高级职称专家与青年人才"结对"，加速人才梯队建设。在人才培养方面，完善制度建设和强化党管人才的工作格局，通过提高人才的薪资待遇和加强能力建设，为县域经济发展创造更多机遇。在服务平台建设方面，可以重点打造三级培训网络，县级设立乡村振兴人才学院，乡镇建立实践基地，村级开设技能培训，形成覆盖全域的培育体系，注意培养专业技术型人才，为县域经济发展提供坚实的人力资源保障。

（五）循序渐进推进县域行政系统精兵简政

人口持续外流与财政收支失衡对县域发展形成制约，既反映出部分地区产业支撑不足的现实困境，也体现了市场机制下要素流动的客观规律。推进治理体系改革需要采取分步实施策略，在优化行政资源配置方面，可通过合并人口规模较小的相邻行政区划，集中布局教育、医疗等公共服务设施，有效降低行政运行成本。深化编制管理改革需要建立动态调整机制，对执法辅助、窗口服务等岗位实行总量控制，探索建立跨部门人员调配平台，根据实际需求灵活调整人员配置。对长期空置的公共设施，可通过功能置换改造为社区服务中心或创业孵化基地，同时建立设施共享机制，推动公共设施居民共建共护

共享。改革过程中必须坚持实事求是的原则，采取审慎的态度，建立风险防控机制，实施机构调整前应开展社会稳定评估，保留必要的应急响应力量。最后，借助数字化技术与平台、外包等市场化形式承接改革中因机构人员缩减而停办的职能业务，保障县域政府治理和公共服务的正常运转。①

---

① 参见董雪兵、韩奇：《县域经济发展：问题透视与对策》，《国家治理》2024 年第 5 期。

第十三章
大力发展海洋经济和湾区经济

　　海洋是人类社会生存和可持续发展的重要物质基础，海洋经济的发展水平已经成为当今世界衡量一个国家经济发展综合实力的重要方面。2024 年中央经济工作会议提出，深化东、中、西、东北地区产业协作，大力发展海洋经济和湾区经济。大力发展海洋经济和湾区经济是面向新时代新征程推进更高水平对外开放的重要抓手。"十五五"期间，需高度关注并积极推进我国海洋经济和湾区经济发展，为我国加快构建以国内大循环为主体、国内国际双循环相互促进的新发展格局提供重要支撑。

2024 年 12 月召开的中央经济工作会议提出"大力发展海洋经济和湾区经济"。2025 年《政府工作报告》中再次强调要"大力发展海洋经济，建设全国海洋经济发展示范区"。当前，随着经济全球化、区域经济一体化发展趋势不断增强，进一步推进海洋资源开发，推动海洋经济发展，已成为拓展我国经济发展空间的必然选择。与此同时，作为与海洋经济高度关联、相辅相成的沿海区域经济发展模式，湾区经济在地理位置、资源利用、产业协同等方面都与海洋经济紧密相近，大力发展湾区经济，是实现陆海经济一体化发展的必然要求。

一、准确认识海洋经济和湾区经济的内涵和特征

海洋经济和湾区经济都是新发展阶段上推动我国经济增长的新的重要引擎，是支撑我国经济高质量发展的重要战略支点，二者既相互联系又有所区别。准确认识海洋经济和湾区经济，需要从基本内涵和主要特征入手，这既是科学研究的基础，也是政策制定的根本指南。

（一）海洋经济的内涵和特征

海洋，是由作为主体的海水水体、生活于其中的海洋生物、临近海洋上空的大气和围绕海洋周缘的海岸及海底等组成的统一体。中心部分叫洋，边缘部分叫海。海洋经济有狭义和广义之分。狭义的海洋经济是指直接的海洋产业，广义的海洋经济是指人类在涉海经济活动中利用海洋资源所创造的生产、交换、分配、消费的物质

量和价值量的综合。① 有研究将其定义为在生产力与生产关系的矛盾运动中，围绕海洋资源合理配置与海洋生态环境保护，实现经济效益、社会效益、生态效益最大化的社会生产活动集合。② 在《海洋及相关产业分类》（GB/T20794-2021）、《2024 年中国海洋经济统计公报》等政策文件中，将海洋经济定义为开发、利用和保护海洋的各类产业活动，以及与之相关联活动的总和。主要包括海洋渔业、海洋交通运输业、海洋船舶工业、海盐业、海洋油气业、海洋旅游业等。

海洋经济的主要特征可以概括为以下四点。第一，由于海洋资源具有流动性、共生性以及资源性质的复杂性等特点，对海洋资源的有效保护应该是配置和利用海洋资源、发展海洋经济的基本前提。第二，在有效保护海洋资源的基础上，对海洋资源进行优化配置。第三，合理利用海洋资源。由于海洋资源的共生性及其分布的立体性，不可能做到对海洋资源的充分利用，但可以根据不同时期人们的需要来进行合理利用。第四，由于海洋资源具有连续性、复杂性、共生性和系统性等特点，海洋经济不能仅仅以个体经济单位的利益最大化为目的，社会利益与环境利益必须置于个体利益上。因此，海洋经济的发展在很大程度上不是一种"零和博弈"，而是一种共赢的合作博弈，只有在保证社会利益和环境利益的基础上，才能实现个体利益的最大化。③

---

① 参见都晓岩、韩立民：《海洋经济学基本理论问题研究回顾与讨论》，《中国海洋大学学报（社会科学版）》2016 年第 5 期。

② 参见孙久文、蒋治、胡俊彦：《中国海洋经济高质量发展的时空演进与驱动因素》，《地理学报》2024 年第 12 期。

③ 参见徐敬俊、韩立民：《"海洋经济"基本概念解析》，《太平洋学报》2007 年第 11 期。

（二）湾区经济的内涵和特征

湾区由海岸线凹进陆地形成，通常是指由一个海湾或者相连的若干个海湾、港湾、毗邻岛屿共同组成的区域。基于湾区的地理特征所衍生出的滨海型区域经济形态被称为湾区经济。从国内外发展实践看，湾区往往是一个国家经济发展水平和对外开放程度最高的地区，其能级和量级直接影响甚至决定整个国家经济和产业的全球影响力和国际竞争力。与其他类型的区域经济形态不同，湾区经济在空间格局、产业结构、城市环境等方面具有明显独属于自身的特征。

在空间格局上，湾区经济是港口群、产业群和城市群的集合。第一次工业革命以来，国际贸易迅速发展并急剧扩大，湾区凭借其港口优势很快成为全球贸易网络的重要节点。伴随着港口数量的增多和建设水平的提高，湾区在全球发展格局中的比较优势不断增强，各类先进生产要素持续向湾区集聚、多种不同新产业率先在湾区孕育和发展，这使得部分湾区的主导产业也逐渐由最初的贸易物流产业转向了实体制造产业，并形成了大量有代表性的产业集群。与此同时，产业集群的发展又进一步加速了人口集聚，进而对城市规划和建设提出了更高要求。通过这种相互促进和相互带动的良性互动，最终在湾区形成了现代港口群、产业群和城市群"三群叠加"的特殊空间格局。

在产业结构上，湾区经济多为"虚实结合"，兼具高端制造和现代金融双重优势。一方面，从湾区的发展历史看，全球主要湾区的产业结构演变多发端于实体经济和贸易经济，随着经济发展水平的提高和贸易规模的扩大，湾区的主导产业会持续向全球产业链和价值链的高端攀升；另一方面，作为全国乃至全球的贸易中心，在贸易规模越来越大、交易频次越来越多、清算结算需求越来越强的背景下，湾区经济的持续兴盛和繁荣，也必然需要强大的金融产业作为配套。

在城市环境上，湾区的自然环境、人居环境和创新环境都处于较高水平。优美的海洋景观、优质的海岸沙滩、温暖的气候条件，是多数湾区自然环境的先天优势。与此同时，随着集聚效应持续增强，人口规模不断扩大，各主要湾区都十分重视提升城市规划建设品质，持续完善交通运输基础设施和教育医疗等基本公共服务，优化城市景观布局，打造宜居宜业宜游的人居环境。此外，几乎所有湾区都将科技创新作为主要发展方向，如以孕育硅谷而享誉全球的旧金山湾区，拥有包括劳伦斯伯克利国家实验室在内的多个重大科技基础设施，东京湾区更是集中了日本 70% 以上的重大科技基础设施。[①]

（三）海洋经济和湾区经济的区别与联系

海洋经济和湾区经济是区域经济发展的两大重要模式，二者既有显著差异，又存在深度互动，共同推进陆海统筹与可持续发展。一方面，海洋经济与湾区经济不能混为一谈。湾区经济是一种滨海型区域经济形态，虽然多数湾区位于海湾地带，依海而生、因海而兴，其经济活动的展开离不开海洋资源的支撑，但是湾区经济根本上还是属于陆域经济范畴，主要关注滨海城市群的各类社会生产活动，海洋经济只贡献了湾区经济产值的一部分，是湾区经济的重要组成部分而非全部。

另一方面，海洋经济与湾区经济又深度关联。在地理空间方面，湾区多位于河口或海湾，如我国的粤港澳大湾区，十分依赖港口航运、滨海旅游等海洋经济要素，而海洋经济则为湾区提供资源保障，

---

① 参见李晨：《何为"湾区经济"》，《学习时报》2025 年 2 月 5 日。

如海上能源供应，并拓展其发展空间，如发展临港产业等。在产业协同发展方面，海洋经济通过港口物流、能源供给支撑湾区产业发展，而湾区则通过科技创新推动海洋经济优化升级，如发展智能航运、深海探测等。在发展目标方面，海洋经济和湾区经济都面临生态约束，需要统筹协调开发与保护。当前，海洋经济的"蓝色转型"和湾区经济的"绿色发展"目标相辅相成，是共同探索陆海生态共治路径的重要举措。总体而言，海洋经济是湾区发展的重要基础，湾区经济则为海洋经济注入技术创新、资本、管理等经济发展的重要动力。

二、大力发展海洋经济和湾区经济的重要意义

加快海洋经济和湾区经济发展是保持我国经济平稳较快增长的新的增长点，对我国加快构建"双循环"新发展格局、推进高水平对外开放、促进陆海经济一体化发展都具有重要意义。

（一）构建"双循环"新发展格局的重要枢纽

作为我国国民经济的重要支撑，规模持续扩大、高度外向型的海洋经济和集聚效应显著、创新驱动优势突出的湾区经济，在"双循环"发展中发挥着重要载体功能，将引领中国经济走向高质量增长之路，是支撑国内国际双循环新发展格局的重要保障，也是未来国民经济发展的重要战略空间。

在畅通国内大循环方面，大力发展海洋经济和湾区经济有助于释放内需潜力和增强产业链韧性。海洋经济通过港口物流、临港产业和海洋资源开发，为国内经济循环提供基础支撑。如长三角港口群长期

承担了全国 40%以上的外贸货物吞吐量，其高效运转保障了国内制造业原材料与产品的流通。湾区经济则以城市群协同发展激活内需市场，如粤港澳大湾区通过"一小时生活圈"建设，促进区域内消费升级。2024 年粤港澳大湾区珠三角九市的社会消费品零售总额为 3.57万亿元，同比增长 0.7%，占全国的比重达 7.3%。同时，海洋经济与湾区经济协同发展有利于推动产业链向高端延伸，如珠江东岸电子信息产业带与海洋传感器、智能船舶制造等新兴产业融合发展，推动产业转型升级，增强产业链供应链自主可控能力。

在促进国际循环方面，大力发展海洋经济和湾区经济有助于提升全球资源配置效率与能力。有数据显示，全球 80%的货物贸易是通过海洋运输完成的，发展海洋经济是我国参与国际分工的关键渠道。当前我国船队规模居世界前列，中国远洋海运集团组建了遍及世界各主要地区的跨国经营网络，为我国参与国际贸易发挥了重要作用。湾区经济则通过推动科技创新和产业升级、建设对外开放平台等举措吸引全球资本与技术集聚，成为全球资源配置的重要节点。此外，我国的粤港澳大湾区还依托香港、上海等国际金融中心与国际规则接轨，推动人民币国际化，强化我国在全球经济治理体系中的话语权。

（二）推进高水平对外开放的重要抓手

在我国经济发展模式转换的过程中，只有通过不断提升对外开放水平，实现更高层次的经济国际化，进一步拓展经济发展的战略空间，才能更好地实现经济高质量发展。

首先，大力发展海洋经济和湾区经济有利于我国构建开放型经济新体制。发展海洋经济可以通过自贸试验区、自由贸易港等开放平台，推动贸易投资自由化。如海南自贸港当前实施"零关税、低税率"

政策，2025 年全岛封关后将形成与国际接轨的贸易规则，将会吸引更多国际航运企业集聚。发展湾区经济则可通过推动规则衔接深化开放，如粤港澳大湾区探索简化港澳专业人士内地执业流程等举措，截至 2024 年 7 月，累计已有超 3900 名港澳专业人士获得内地执业资格，有力促进跨境服务贸易发展。

其次，大力发展海洋经济和湾区经济有利于我国参与全球海洋治理与国际合作。通过发展海洋经济加强与他国合作是增强我国国际影响力的重要渠道。如在北极事务中，"雪龙 2"号科考船多次参与国际联合勘探，推动北极航道开发与环保规则制定；在南海，中国—东盟海洋合作中心推动渔业资源养护与海上搜救协作。湾区经济则通过构建国际城市网络深化对外合作，如上海浦东新区打造"国际法律服务中心"，提供涉外商事仲裁服务，进一步增强我国在全球合作竞争中的影响力。

最后，大力发展海洋经济和湾区经济有利于我国打造对外开放的前沿阵地。在发展湾区经济的过程中，我国通过打造世界级城市群参与全球竞争。当前，粤港澳大湾区集聚了华为、腾讯等全球领军企业，《专利合作条约》国际专利申请量居全国首位，是国际科技合作的关键枢纽。而海洋经济则通过远洋渔业、深海采矿等方面拓展对外开放空间。当前，我国远洋渔船队规模居世界第一，在太平洋、大西洋、印度洋公海实现资源开发，2024 年远洋渔业产量超 230 万吨，在保障国家粮食安全的同时增强了我国的国际资源话语权。

（三）促进陆海经济一体化发展的重要保障

习近平同志在 2003 年时就指出"海洋经济是陆海一体化经济"，"海洋的大规模开发，需要强大的陆域经济支持；陆域经济的进一步发展，必须依托于蓝色国土，发挥海洋优势"。在发展海洋经济和湾区经济的进程中，注重海洋和相邻陆域空间经济布局的优化整合，通过提升海洋和湾区经济发展的活力和创造力，促进陆海经济一体化发展，是实现区域经济高质量发展的重要保障。

首先，大力发展海洋经济和湾区经济有利于优化我国国土空间开发格局。发展海洋经济极大地拓展了国民经济的发展空间，有助于缓解陆地资源约束。如浙江通过围填海和岛屿开发建设舟山绿色石化基地，形成 4000 万吨 / 年炼化能力，有力带动整个长三角地区能源化工产业链升级。发展湾区经济则通过深化城市群功能分工促进区域协调发展。如在粤港澳大湾区内部，香港专注金融与高端服务、深圳聚焦科技创新、珠海发展海洋旅游等，形成互补型产业生态。

其次，大力发展海洋经济和湾区经济有利于推动沿海与内陆协同发展。港口经济向腹地延伸是陆海联动的典型模式，如青岛港通过"海铁联运"将山东半岛制造业与中欧班列连接，助力河南、陕西等内陆省份融入"双循环"。湾区经济则通过跨行政区基础设施建设缩小区域发展差距。如在深中通道通车后，珠江东岸和西岸之间的通行时间将由 2 小时缩短至半小时以内，给粤西地区发展带来新的机遇。

最后，大力发展海洋经济和湾区经济有利于创新区域协作机制。由于覆盖范围广，发展海洋经济和湾区经济能够有效推动跨行政区协同治理创新。如长三角地区成立了"海洋经济一体化发展联盟"，统筹沪苏浙皖海洋产业布局；粤港澳大湾区探索"共商共建共管共享"模式，横琴粤澳深度合作区实施澳方主导管理、粤方配合执法的创新体制，在这一制度的支持下，截至 2024 年 10 月末，经营主体里澳资企业达 6521 户，2023 年合作区新增澳资企业超 500 家，成为区域协作的成功实践样本。

三、我国海洋经济和湾区经济发展成效与现实难题

近年来，我国海洋经济与湾区经济作为高质量发展的新引擎，在规模扩张、科技创新、开放合作、绿色发展等领域取得显著成效，成为推动经济转型升级、提升国际竞争力的关键力量。但在核心技术突破、生态治理效能、区域协同机制及要素市场化等领域仍面临挑战。

（一）发展成效

在经济规模方面，2024 年我国海洋生产总值首次突破 10 万亿元，达 105438 亿元，占 GDP 比重为 7.8%，比上年增长 5.9%，增速连续 5 年高于全国平均水平。从三次产业结构来看，海洋第一产业增加值 4885 亿元，第二产业增加值 37704 亿元，第三产业增加值 62849 亿元，分别占海洋生产总值的 4.6%、35.8% 和 59.6%。15 个海洋产业增加值 43733 亿元，比上年增长 7.5%。海洋制造业成为核心引擎，增加值超 3.18 万亿元，占海洋经济总量的 3 成多。船舶工业新接绿色船舶订单占据全球 78.5% 的市场份额，海工装备手持订单金额同比增长 20%，连续 7 年居全球首位。粤港澳大湾区作为核心增长极，经济总量从 2018 年的 10.8 万亿元跃升至 2023 年的 14 万亿元，超越纽约湾区和旧金山湾区，跻身全球四大湾区前列。2024 年，大湾区内地 9 市进出口增长 10.1%，拉动全国增长 1.9 个百分点，成为国际贸易重要枢纽。其他湾区如环杭州湾、渤海湾亦快速崛起，宁波前湾新区地区生产总值首次突破千亿元大关，烟台黄渤海新区高新技术企业达 727 家，形成多极联动格局。

在科技创新方面，海洋领域核心技术取得一系列重要突破，如我

国自主研发的"深海一号"超深水大气田于 2021 年 6 月投产,截至 2025 年 1 月 29 日,累计生产天然气超 100 亿立方米,生产凝析油超 100 万立方米,天然气产量连续 3 年在 30 亿立方米以上;海洋生物医药产业发展迅猛,体内植入用超纯度海藻酸钠打破国际垄断;智慧海洋技术加速落地,自主研发的"妈祖·海浪"预报芯片实现业务化应用,海上风电无淡化海水原位直接电解制氢技术中试成功,海洋经济数字化转型步伐加快。在湾区层面,广深港科技走廊全球创新指数连续多年排名第二位,华为、腾讯等龙头企业集聚,联合实验室覆盖材料制造、生物医药等领域。中国—拉美和加勒比国家技术转移中心、中新国际联合研究院等平台推动国际科技合作,覆盖拉美及东盟国家。

在开放合作方面,海洋经济国际化水平显著提升,2024 年船舶出口额累计达 3086.5 亿元,同比增长 58.7%,海上风电整机实现首次出口。2023 年我国发布《"一带一路"蓝色合作倡议》,建立蓝色伙伴关系合作网络,深度参与全球海洋治理。当前,我国已成为拥有国际海底矿区数量最多、矿产种类最全的国家,在深海采矿、极地科考等领域发挥建设性作用。在湾区层面,2024 年,粤港澳大湾区依托港口群优势,集装箱吞吐量全球领先;西部陆海新通道班列突破万列,北部湾港货物吞吐量跻身全国前十,成为连接东盟的开放门户。大湾区内部河套深港科技创新合作区、横琴粤澳深度合作区等平台探索制度型开放,吸引全球高端要素集聚。

在绿色发展方面,海洋生态文明建设成效显著,厦门示范区创新"四化"海漂垃圾治理机制,盐城实施"风光渔"互补模式,推动海上风电与生态修复协同发展。截至 2024 年 1 月,通过实施"蓝色海湾"整治、渤海生态修复等系统性工程,修复岸线 2000 公里,恢复滨海湿地 4 万公顷,海洋自然保护地面积达 9.4 万平方公里。近岸海域水质持续改善，海洋生态安全屏障进一步巩固。在大湾区，深圳前海、珠海横琴探索生态与产业融合发展路径，珠江口"黄金内湾"规划促进资源集约利用。

（二）现实难题

尽管成就显著，但受制于结构性矛盾与制度性障碍，我国海洋经济与湾区经济仍面临以下四大现实难题，需通过深化改革与创新机制实现突破。

首先，科技创新能力不足，核心技术仍受制约。一是技术研发短板突出。海洋经济领域的高端装备、关键材料仍依赖进口，如海水淡化反渗透膜组件、高压泵等核心技术尚未自主可控，万吨级工程需国外技术支持，导致海水淡化成本居高不下。船舶与海工装备领域的核心部件如深海钻井平台的控制系统、高端船舶的动力设备严重依赖进口，制约产业升级。一些关键核心技术如深海传感器、水下机器人制造技术仍被"卡脖子"。二是湾区科技转化效率低。粤港澳大湾区虽集聚大量科研资源，但科技成果转化率不足，如深圳海洋生物医药产业规模占全国的比重极低，产学研协同机制不畅，科研机构与企业需求错配，导致"实验室成果多、产业化应用少"，企业需求与科研供给脱节。三是创新生态尚未成形。在一些新兴产业如人工智能、量子科技等前沿领域，湾区仍面临"技术孤岛"困境。河套深港科技创新合作区虽吸引众多高端科研项目，但跨区域知识产权保护、风险投资退出机制不完善，很大程度上削弱了创新活力。

其次，生态环境压力加大，可持续发展面临挑战。一是海洋资源开发与保护失衡。近海开发强度过大，远海利用不足，生态承载力逼近红线。如渤海海域因过度开发导致生态退化，而深海矿产、生物基因资源勘探开发滞后。陆源污染加大海洋生态压力，近岸海域无机氮、活性磷酸盐等污染物超标现象仍存。二是湾区开发与生态保护矛盾凸显。粤港澳大湾区"压缩型"城市化导致滨海空间过度开发，深圳前海、珠海横琴等区域生态用地占比不足10%。北部湾港快速扩张加剧红树林破坏，2024年生态修复面积仅占开发面积的15%，生态补偿机制滞后于开发速度。三是陆海污染协同治理不足。陆源污染占海洋污染源的80%以上，但跨区域污染联防联控机制尚未建立。如珠江口流域涉及粤桂滇黔4省，污染物排放标准不统一，导致近海氮磷超标率长期高于50%。

再次，区域协调发展机制不健全，同质化竞争仍较严重。一是湾区内部规划冲突。粤港澳大湾区港口功能重叠，深圳港、广州港、香港港均被定位为国际枢纽港，集装箱吞吐量竞争激烈，未能形成差异化分工体系。环杭州湾的宁波、舟山与上海洋山港也存在航线重复、价格恶性竞争等问题，资源利用效率仅为国际一流港口的70%。二是湾区区域发展不平衡。广州、深圳、香港等珠三角核心城市与江门、肇庆等外围城市的人均GDP差距超3倍。产业同质化竞争严重，如东莞、佛山均布局电子信息产业，但产业链分工不明晰。三是跨区域合作机制尚不健全。粤港澳大湾区联席会议制度尚未常态化，大湾区城市间缺乏统一的数据共享平台，各地发展规划、税收等政策衔接不畅。如珠三角九市与港澳的职业资格互认覆盖率不足30%；科研资金跨境使用仍受外汇管制限制，制约联合攻关。

最后，金融支撑体系较弱，要素市场化滞后。一是融资渠道单一且成本高。涉海企业依赖短期贷款，而传统银行对长周期项目，如深海勘探、海上风电等支持不足，融资成本比陆域项目高。海域使用权抵押因评估标准不一，覆盖率不足。二是蓝色金融创新滞后。海洋保险产品种类少，定价与理赔技术不成熟，海上风电项目保险覆盖率不足。风险分担机制缺失，政府引导基金规模偏小，如广东海洋产业发展基金仅为 50 亿元，难以满足千亿级产业集群需求。三是科技金融赋能不足。湾区初创企业融资难问题突出，2024 年深圳涉海科技企业获风险投资占比较低。资本市场对技术转化支持有限，涉海上市企业虽不断增长，但募资主要用于产能扩张而非研发投入。

四、大力发展海洋经济和湾区经济的关键举措与政策建议

"强于世界者必盛于海洋，衰于世界者必先败于海洋。"走向海洋是世界大国崛起的必然选择。在"十五五"新征程上，需进一步围绕海洋经济和湾区经济谋篇布局，着力将海洋优势转化为发展优势，以湾区协同创新驱动区域开放升级，不断加强陆海统筹，推动海洋经济向产业链价值链高端攀升、湾区经济向一体化发展跃升，为我国经济高质量发展注入强劲蓝色动能。

（一）强化自主创新能力，突破关键核心技术瓶颈

第一，构建海洋科技攻关体系。需聚焦深海探测、高端海工装备、海洋生物医药等"卡脖子"领域，设立国家海洋科技重大专项，组建跨学科、跨区域的创新联合体，形成"需求牵引—技术突破—成果转化"的全链条攻关机制。整合政府、企业、高校、科研院所等多方资源，构建创新联合体，明确技术攻关方向与目标，建立定期会商与动态调整机制，确保技术攻关与产业需求有效衔接。同时，推进海洋领域国家重点实验室优化重组，强化基础研究与产业需求的衔接，

通过搭建公共技术平台、共享数据库等方式，提升基础研究对产业创新的支撑能力。

第二，完善"政产学研用"协同创新生态。深化科研机构体制改革，打破机构间壁垒，推动科研项目与企业需求精准对接。建立"企业出题、院所解题、政府助题"的协同创新模式，鼓励企业主导或参与国家级科研项目。探索"揭榜挂帅""赛马制"等新型研发模式，激发创新活力。建立海洋科技成果转化基金，支持中试基地与产业化平台建设，打通从实验室到市场的"最后一公里"。基金应重点投向具有市场潜力但风险较高的海洋科技成果转化项目，通过提供风险投资、贷款贴息等方式，降低转化成本，加快产业化进程。同时，建立科技创新成果转化评估机制，对成功转化的项目给予奖励，推动形成良性循环。

第三，优化创新要素配置。在湾区试点科研数据跨境流通、科研设备共享共用机制，推动知识产权跨境保护与交易，促进创新资源高效利用。加大对海洋领域青年科技人才的培养与激励，建立柔性引才机制，吸引全球顶尖团队参与核心技术研发。青年人才培养应突出实践导向，通过设立青年科学家专项、提供创业支持等方式，激发青年人才的创新热情。柔性引才机制应注重政策灵活性，如提供税收优惠、子女教育保障等，吸引海外高层次人才来华工作。

（二）推动海洋产业层级跃升，加快培育新质生产力

第一，加速传统产业智能化转型。推进海洋渔业、船舶制造等传统产业数字化、绿色化改造，推广智能养殖、无人船艇、远程运维等新技术应用，提升产业效率与附加值。智能养殖技术应集成环境监测、智能投喂等功能，实现养殖过程自动化与精准化；无人船艇技术

可应用于海洋监测、巡逻等领域，降低人力成本。支持港口物流向智慧供应链服务升级，构建"港口—腹地—国际通道"一体化物流网络，提升物流效率与全球连接能力。

第二，壮大战略性新兴产业。重点发展海洋新能源、海水淡化、深海矿产开发等潜力领域，前瞻布局海洋碳汇、海洋信息等未来产业。在海上风电领域，突破漂浮式风机、柔性直流输电等技术，推动规模化连片开发；在海水淡化领域，研发低能耗膜材料与能量回收装置，降低运营成本；在深海矿产领域，建立商业化开发标准体系，完善环境监测与生态补偿机制。前瞻布局海洋信息产业，发展海洋卫星遥感、水下通信网络，构建"空天海一体化"数据服务体系。推动海洋生物医药向基因编辑、合成生物学等尖端方向延伸，形成高附加值产品集群，提升产业竞争力。

第三，深化陆海产业链协同。建立海洋与陆地产业的耦合发展机制，促进海洋装备制造与新材料、电子信息等陆域产业联动，形成产业协同效应。在湾区打造"海洋—陆地—空天"立体化产业集群，通过产业分工实现资源高效配置，推动海洋经济向全域渗透，实现产业链延伸与价值链提升。如海洋装备制造可与电子信息产业结合，发展智能海洋装备；与新材料产业结合，研发高性能海洋材料。设立陆海产业融合示范区，探索跨区域税收分成、生态补偿等利益共享机制。

（三）深化湾区协同创新，构建开放型经济体系

第一，健全跨区域治理机制。建立湾区高层级统筹协调机构，制定统一的产业发展与空间规划导则，确保湾区内部政策协同与资源高效配置。探索"一区多园""共管园区""飞地经济""反向飞地"等区域合作模式，推动创新要素跨行政区边界流动，实现资源共享与优

势互补。建立湾区统一的数据共享平台与标准互认体系，破除市场分割与制度壁垒，促进要素自由流动与市场一体化。

第二，优化产业分工布局。明确湾区各城市功能定位，形成"核心城市研发—节点城市转化—腹地配套"的产业梯度分工体系，提升产业协同效率。重点建设专业型产业集聚区，避免港口、园区等同质化竞争，实现错位发展与特色发展。例如，核心城市可聚焦高端研发与设计，节点城市侧重成果转化与制造，腹地提供配套服务与资源支持。建立产业链"链长制"，由龙头企业牵头整合上下游资源，避免低水平重复建设。

第三，提升国际化合作水平。依托自贸试验区、综合保税区等开放平台，深化与国际规则对接，吸引全球优质资源集聚。支持湾区企业参与"一带一路"海洋合作项目，共建远洋渔业基地和海上能源走廊，增强全球资源配置能力。加强与国际组织、国外湾区的合作，推动贸易投资便利化，提升湾区经济的国际影响力与竞争力。

（四）践行绿色发展理念，健全海洋生态治理体系

第一，实施陆海污染协同治理。建立跨区域海洋环境联防联控机制，统一入海污染物排放标准与监测体系，严控陆源污染。强化海岸带空间用途管制，划定生态保护红线，严控围填海与高耗能产业布局，保护海洋生态安全。在重点河口设置在线监测站点，实时追踪氮磷等污染物排放。严控围填海规模，推行"退养还滩""退港还湿"等生态修复工程。建立海洋环境损害赔偿制度，对违规排污企业实施高额处罚。

第二，创新生态价值实现路径。探索海洋碳汇交易、生态补偿等市场化机制，推动蓝碳金融产品创新，将生态优势转化为经济优势。

支持湾区发展"生态＋产业"融合模式，建设滨海生态廊道与蓝色经济示范区，实现生态保护与经济发展的双赢。如发展海洋生态旅游、海洋牧场等产业，提升生态产品供给能力。设立海洋生态银行，通过质押修复后的生态资产获取融资支持。

第三，强化海洋灾害防控能力。构建海洋环境立体监测网络，提升赤潮、风暴潮等灾害预警精度，为防灾减灾提供科学依据。推广生态化海洋工程技术与防灾设施，增强海岸带韧性，降低灾害损失，如建设海洋观测站、浮标等监测设施，形成覆盖湾区的海洋环境监测网络；研发生态友好型防波堤、护岸等工程设施，保护海岸带生态系统。

（五）完善要素保障体系，优化制度供给

第一，创新蓝色金融服务。设立国家级海洋产业发展基金，引导社会资本投入海洋科技与基础设施。开发海域使用权抵押、海洋保险等专属金融产品，建立风险补偿与分担机制，支持海洋经济发展。支持符合条件的涉海企业通过债券、不动产信托投资基金等工具融资，拓宽融资渠道，降低融资成本。鼓励发行蓝色债券，引导保险机构开发海洋生态保险、巨灾保险等产品。探索海域使用权证券化，建立海洋资产交易市场。在湾区试点跨境投融资便利化政策，允许境外资本参与海洋科技基金。

第二，推进要素市场化改革。建立海洋资源资产产权交易平台，探索用海权、排污权等权益流转机制，提升要素配置效率。完善海洋资源价格形成机制，反映生态修复成本与稀缺性。在湾区试点技术移民、跨境职业资格互认，吸引国际高端人才；试点跨境资本便利化流动等政策，如允许符合条件的企业在湾区开展跨境人民币业务，简化

跨境投资审批流程，为科技企业提供跨境投融资服务，促进湾区经济的国际化发展。

第三，强化法治与政策保障。加快海洋基本法立法进程，明确海洋资源开发权责边界。制定湾区协同发展促进条例，明确跨区域事务权责划分，确保湾区协同发展的规范性与有效性。建立动态评估机制，定期清理滞后条款，根据湾区经济发展形势与政策实施效果，及时调整完善政策措施，增强政策适应性。

第十四章
协同推进降碳减污扩绿增长

"协同推进降碳减污扩绿增长"，作为新征程上深化生态文明体制改革的重要内容，体现了系统观察、分析、预测、指导绿色发展、生态文明建设、促进人与自然和谐共生的客观要求，这是以习近平同志为核心的党中央统筹国内、国际两个大局作出的重大战略决策，是着力解决资源环境约束突出问题、实现中华民族永续发展的必然选择，也是中国人民为构建人类命运共同体、引领全世界人民能够走向兼顾生态与增长的全面发展之道的必由之路。

2024 年 12 月，中央经济工作会议提出：协同推进降碳减污扩绿增长，加紧经济社会发展全面绿色转型，进一步深化生态文明体制改革。营造绿色低碳产业健康发展生态，培育绿色建筑等新增长点。推动"三北"工程标志性战役取得重要成果，加快"沙戈荒"新能源基地建设。建立一批零碳园区，推动全国碳市场建设，建立产品碳足迹管理体系、碳标识认证制度。持续深入推进蓝天、碧水、净土保卫战。制定固体废物综合治理行动计划。实施生物多样性保护重大工程。加强自然灾害防治体系建设。2025 年《政府工作报告》强调，协同推进降碳减污扩绿增长，加快经济社会发展全面绿色转型。进一步深化生态文明体制改革，统筹产业结构调整、污染治理、生态保护、气候变化应对，推进生态优先、节约集约、绿色低碳发展。

一、协同推进降碳减污扩绿增长的科学内涵

（一）绿色发展理念的深化与拓展

"协同推进降碳减污扩绿增长"是新发展理念在生态文明领域的具体实践。其核心在于打破传统发展模式下生态保护与经济增长的对立关系，通过系统性、整体性思维实现多重目标的动态平衡。

降碳，旨在减少温室气体排放，推动能源结构优化，不仅关乎环境保护与气候治理，更是人类社会可持续发展的重要保障。要求在快速推进经济发展的同时，将能源的高效利用和清洁能源的开发利用置于核心地位，通过技术革新、政策引导等手段切实降低碳排放强度，为全球应对气候变化作出实质性贡献。这既是对当前环境挑战的积极响应，也是对未来世代的负责体现。

减污，则聚焦于污染物源头治理与末端管控，旨在提升环境质量，全方位保障民众生命健康。为实现这一目标，需不断强化环境监管体系，构建并完善相关法律法规，确保环保政策得到有效执行。同时，推动产业结构深度调整与全面升级，从根源上减少污染物排放总量。加强环境治理与生态修复工作，提升生态系统自我恢复力与抗干扰能力，亦是减污战略不可或缺的部分。

扩绿，强调生态系统的修复与碳汇能力提升。在城市化进程加速、土地利用压力增大的背景下，应注重生态保护与修复，通过植树造林、湿地恢复等手段，增加绿色植被覆盖面积，提升生态系统稳定性与生物多样性。充分利用森林、草原等自然生态系统的碳汇功能，为减缓全球气候变化作出积极贡献。

增长，则要求在绿色转型中实现经济质的有效提升与量的合理增长。即经济发展摒弃传统粗放型增长模式，注重质量与效益的双重提升。通过产业结构优化升级，培育绿色低碳产业、循环经济等新的经济增长点，为经济发展注入新动力。强调资源节约与循环利用，提高资源利用效率，减少资源消耗与环境污染，实现经济增长与生态环境持续改善的双赢局面，推动经济社会向更加绿色、可持续的方向迈进。

四者相互依存、互为支撑，共同构成一个紧密关联、不可分割的绿色低碳循环发展的完整链条。链条中的每一环节都扮演着至关重要的角色，四者之间相互作用、相互促进，共同推动全球能源结构的优化调整和经济社会的全面低碳转型。

（二）生态系统与经济系统的协同机理

协同推进降碳减污扩绿增长的实质，是通过制度、技术与模式的"三维创新"，打通生态价值向经济价值转化的通道，形成"保护—增值—反哺"的闭环机制。

制度创新率先构建起生态与经济共生的规则体系。通过全国碳市场的配额交易，将碳排放成本显性化，倒逼企业优化能源结构。同时，建立健全生态补偿机制，对生态保护地区给予合理的经济补偿，激励地方政府和社会力量积极投身生态保护工作，从源头上扭转生态环境恶化趋势，为生态价值的积累奠定坚实基础。

技术创新则成为推动生态价值向经济价值转化的核心动力。一方面，大力研发和推广节能减排技术，如高效太阳能、风能利用技术以及先进的工业节能工艺等，降低生产过程中的污染物排放和能源消耗，在实现降碳目标的同时，提高资源利用效率，降低企业运营成本，增强企业经济效益；另一方面，生物技术、生态修复技术等领域的突破，能够助力生态系统的恢复与重建，提升生态系统服务功能，创造出更多潜在的经济价值。例如，通过生态农业技术，可以生产出高品质、高附加值的绿色农产品，既满足市场对健康食品的需求，又能带动农民增收致富。

模式创新是实现生态与经济良性互动的关键路径。探索生态产业化与产业生态化融合发展模式，打造生态旅游、生态康养、林下经济等新业态，让绿水青山直接变成金山银山。以生态旅游为例，依托优美的自然景观和丰富的生态资源，开发特色旅游项目，吸引大量游客，带动餐饮、住宿、交通等相关产业发展，促进区域经济增长。此外，循环经济模式在工业和农业领域的广泛应用，实现了资源的高效循环利用，减少废弃物排放，降低环境污染，形成了经济活动与生态环境保护相互促进的良好局面。

协同机理本质是"外部性内部化"与"价值链重构"的统一，生态约束非但不是增长负担，反而能通过创新驱动提升全要素生产率。通过制度、技术与模式的"三维创新"，协同推进降碳减污扩绿增长，不仅有效解决生态环境保护与经济发展之间长期存在的矛盾，还为培育新的经济增长点，推动经济高质量发展，最终实现生态效益、经济效益和社会效益的多赢，为人类社会的可持续发展开辟广阔前景作出新的贡献。

（三）协同发展中的动态平衡与系统观念

协同推进需以系统思维破解"三重矛盾"——生态保护与经济增长的冲突、短期阵痛与长期收益的权衡、局部优化与全局利益的协调，其核心在于把握多目标动态平衡的"黄金分割点"。

从时空维度看，兼顾短期维稳与长期转型是协同推进的核心。短期内，社会经济系统的稳定是维持社会再生产与民生保障的基础性前提。经济周期的剧烈波动将导致失业率攀升、社会消费能力萎缩及公共财政压力激增，进而形成"失业—需求下降—经济衰退"的负向循环。因此，政策制定需全面考量对当下经济秩序与社会稳定的潜在影响，秉持审慎原则，采取适度且稳健的政策措施，保障就业市场韧性，防止经济"硬着陆"。

但同时，单一维度的短期维稳策略无法应对资源环境约束趋紧的长期挑战。社会的进步演进以及资源环境约束的不断强化使得传统经济发展模式面临日益严峻的挑战，已难以适应可持续发展的要求。为此，需通过结构性改革推动发展模式转型：构建新兴产业培育体系，通过研发补贴、知识产权保护与产学研协同机制，加速光伏、氢能等战略产业的规模化应用；实施渐进性能源替代战略，依托碳定价机制与绿色金融工具，引导资本向清洁能源基础设施倾斜。

在空间维度上，协调区域差异化发展诉求是协同推进的重要任务。不同地区因地理位置、资源禀赋、产业基础以及人口素质等多方面因素的显著差异，呈现出各异的发展水平与发展需求。发达地区通常积累了雄厚的经济实力和强大的创新能力，在生态保护方面具备更为丰富的资源和先进的技术手段。基于此，这些地区更加注重产业的升级换代以及城市品质的全方位提升，致力于向高端化、智能化、绿色化的发展模式迈进，以实现经济、社会与环境的协调发展。相比之下，欠发达地区往往面临着加快经济发展、摆脱贫困的紧迫任务，在发展过程中，为迅速提升经济总量和居民生活水平，可能在一定程度上对资源开发和传统产业发展存在较高需求。这种区域间的显著差异决定了协同推进过程中不能采用"一刀切"的简单模式，而应实施因地制宜的差异化策略。

对于发达地区，应积极引导其发挥示范引领作用，凭借自身的技术、资金和人才优势，率先探索绿色发展新模式，打造生态经济样板区。通过先行先试，积累成功经验，为其他地区提供可借鉴的范例。对于欠发达地区，则需依据其具体实际情况，量身定制符合当地特色的发展路径。借助政策扶持、产业转移等手段，助力这些地区在实现经济增长的同时，高度重视生态环境保护，避免重蹈"先污染后治理"的覆辙。

从主体维度出发，平衡政府管控与市场活力是协同推进的重要保障。政府作为社会公共事务的管理者和宏观经济的调控者，在协同推进过程中扮演着不可或缺的角色。政府通过制定完善的法律法规体系、出台针对性的政策措施以及实施有效的宏观调控手段，为协同推进搭建起坚实的制度框架，提供明确的政策引导。通过制定严格的环境监管政策，明确企业的污染排放标准和环境责任，运用法律和行政手段严厉打击违法排污行为，从而有效遏制企业的污染排放，促使企业加大环保投入，采用先进的污染治理技术和设备，实现绿色生产。同时，通过产业政策的精准引导，如设立产业发展专项资金、给予税收优惠等措施，推动资源向战略性新兴产业集聚，加速产业结构的优化升级，培育新的经济增长点。

然而，政府管控需把握合理边界。若管控过度，可能会对市场主体的积极性和创造性产生抑制作用，束缚市场机制的正常发挥。在协同推进过程中，应充分发挥市场机制的基础性作用，让价格、供求、竞争等市场要素引导资源实现合理流动和高效配置。市场则应在政府营造的良好政策环境和制度框架内，充分释放自身活力，实现资源的最优配置。

二、当前推进降碳减污扩绿增长的成效与问题

近年来，中国将生态文明建设提升至前所未有的战略高度，从顶层设计到基层实践，从政策创新到技术突破，一场覆盖全域、牵动全局的绿色变革正在加速展开。然而，在这场深刻转型中，既有破冰前行的亮眼成绩，也有多重矛盾的现实掣肘。如何平衡短期阵痛与长期收益，如何协调区域差异与整体目标，如何激活市场活力与强化政府规制，成为考验中国绿色转型成色的关键。

在降碳领域，中国以"双碳"目标为牵引，推动能源结构持续优化。截至 2024 年底，全国可再生能源装机达到 18.89 亿千瓦，同比增长 25%，约占我国总装机的 56%。[①] 光伏组件、风电设备、动力电池产能稳居全球首位。内蒙古乌兰察布"风光储氢"一体化基地、青海海南州千万千瓦级光伏产业园等标志性项目，彰显出新能源产业

---

① 参见国家能源局：《2024 年可再生能源并网运行情况》，2025 年 1 月 27 日。

的蓬勃活力。然而，传统能源的退出步伐仍显迟滞。2024年煤炭消费量占一次能源消费比重仍达53.2%。[①] 部分省份因保供压力重启煤电项目，暴露出能源安全与低碳转型的深层矛盾。更严峻的是，高耗能行业低碳改造进展缓慢，钢铁、水泥等行业的单位产品碳排放强度距离国际先进水平仍有显著差距。

减污攻坚战的阶段性胜利难掩深层次挑战。从2012年至2022年，全国74个重点城市PM2.5平均浓度下降56%。[②]2024年，地表水优良断面比例提升至90.4%，长江干流连续5年、黄河干流连续3年全线水质稳定保持Ⅱ类。[③] 但环境治理正步入"边际效益递减"阶段。臭氧污染取代PM2.5成为京津冀等地区夏季首要污染物，农业面源污染贡献率超过工业点源，新污染物治理尚缺乏系统方案。更值得警惕的是，部分地方为追求短期经济指标，对"散乱污"企业整治搞变通、打折扣。"运动式治污"的反复，折射出环境保护与经济增长的深层博弈。

扩绿行动在规模扩张与质量提升间寻找平衡。党的十八大以来，三北防护林工程累计造林4.8亿亩。[④] 塞罕坝机械林场创造的"绿色奇迹"入选联合国典型案例，全国生态保护红线划定面积达319万平方公里。但在生态修复中，重造林轻管护、重数量轻效益的现象依然存在。西北某省实施的"百万亩造林"项目，因盲目选择耗水树种，

① 参见国家统计局：《中华人民共和国2024年国民经济和社会发展统计公报》，2025年2月28日。

② 参见《生态环境部部长黄润秋中宣部"中国这十年"新闻发布会答记者问》，2022年9月15日，见 https://www.mee.gov.cn/ywdt/zbft/202209/t20220915_994045.shtml。

③ 参见《我国七大流域全部建立省级河湖长联席会议机制》，《光明日报》2025年3月4日。

④ 参见朱隽：《全国耕地总量连续两年净增加（权威部门话开局）》，《人民日报》2023年7月12日。

导致地下水位下降，反而加剧生态脆弱性。生物多样性保护同样面临挑战，尽管大熊猫、朱鹮等旗舰物种摆脱濒危局面，但昆虫、两栖动物等低关注度物种灭绝速度未有效遏制。

经济增长的绿色动能培育进入关键阶段。截至2023年末，绿色金融规模突破30万亿元。[①] 截至2024年末，新能源汽车产销量连续十年位居全球第一。但这些亮眼数据的背后，结构性矛盾日益凸显。绿色产业重复建设苗头显现；新能源汽车下乡遭遇充电设施滞后、售后服务缺失等瓶颈，部分县域公共充电桩覆盖率低。更根本的制约在于创新能力的短板，在碳捕集利用与封存、新型储能、低碳冶金等关键技术领域，我国仍处于跟跑阶段。

在这场关乎文明形态变革的征程中，中国的绿色转型既展现出大国担当，也暴露出转型期的典型阵痛。从能源革命的进退维谷，到技术创新的爬坡过坎；从区域发展的梯度落差，到制度创新的滞后效应，每一个问题都是复杂系统的连锁反应。破解这些矛盾，需要超越"就环保谈环保"的狭隘视角，在发展与保护、效率与公平、政府与市场的动态平衡中寻找突破点，使星火般的奋斗成果联结成高质量发展的新图景。

三、加快经济社会发展全面绿色转型

作为全球生态文明建设的重要参与者，中国明确提出"双碳"目标，将污染防治、生态修复、绿色经济与碳中和协同推进，不仅是对

---

① 参见中央财经大学绿色金融国际研究院：《中国绿色金融研究报告（2024）》，2024年11月8日。

自然的敬畏，更是对发展逻辑的重构。这场转型，需要政府、企业、公众拧成一股绳，以系统思维破解矛盾，用创新实践打开新局。唯有筑牢生态根基、激活绿色动能、统筹多维路径、凝聚社会合力，才能走出一条生态优先、绿色崛起的高质量发展之路，加快经济社会发展全面绿色转型。

（一）加强污染防治与生态建设：筑牢绿色转型的生态根基

地球是全人类赖以生存的唯一家园，习近平总书记多次强调："我们要深怀对自然的敬畏之心，尊重自然、顺应自然、保护自然，构建人与自然和谐共生的地球家园。""生态环境没有替代品，用之不觉，失之难存。"污染防治是底线，生态建设是长远之计，二者相辅相成，共同构成绿色转型的基石。

1.深入打好污染防治攻坚战

当前，我国污染防治已进入"深水区"，在此关键阶段，必须坚定不移地贯彻"精准治污、科学治污、依法治污"理念，以此作为破解污染防治困境的有力武器。利用大数据、人工智能等现代信息技术手段，实现对污染源的精准识别、精准施策。通过构建环境监测网络，实时掌握环境质量状况，为科学决策提供数据支撑。加强环境科学研究，探索污染成因与治理机制，推广先进适用的污染治理技术。同时，注重环境风险防控，建立健全环境应急管理体系，有效应对突发环境事件。完善环境法律法规体系，加大环境执法力度，严厉打击环境违法行为。通过法律手段保障污染防治工作的顺利开展，维护人民群众的环境权益。建立跨区域联合执法机制，打破地区之间的行政壁垒，实现信息共享、协同作战。不同地区的环保部门联合开展专项执法行动，共同打击跨区域的环境违法犯罪行为，提高污染防治的整体效果。

2.构建全域生态保护体系

构建全域生态保护体系是维护生态系统完整性和稳定性的关键举措。我国地域辽阔，生态系统类型多样，从森林、草原到湿地、海洋，每一种生态系统都在维护生态平衡、提供生态服务方面发挥着独特作用。要注重加强对自然保护区、风景名胜区、水源涵养区等关键生态区域的保护，实施山水林田湖草沙一体化保护和系统治理。通过自然恢复与人工修复相结合的方式，提升生态系统的质量和稳定性。建立健全生态补偿机制，对为生态保护作出贡献的地区和群体给予合理的经济补偿，通过经济激励手段，引导全社会共同参与生态保护事业。同时，生物多样性是地球生命系统的重要组成部分，对于维持生态平衡具有不可替代的作用。因此，必须加强对濒危物种的保护，严厉打击非法猎杀、贩卖野生动物等行为。加强生物多样性监测与评估，为制定保护策略提供科学依据。

（二）加快发展绿色低碳经济：培育高质量发展的新动能

在全球经济向绿色低碳转型的大趋势下，加快发展绿色低碳经济已成为我国培育高质量发展新动能的必然选择。这不仅有助于推动经济结构调整和产业升级，还能有效降低碳排放，实现经济发展与环境保护的双赢。

1.完善绿色低碳政策与标准体系

政策引导和标准规范是推动绿色低碳经济发展的重要保障。政府应加强顶层设计，制定一系列鼓励绿色低碳发展的政策措施，形成政策合力。一要制定绿色低碳发展规划，将绿色低碳发展纳入国家整体发展战略，明确发展目标、重点任务和保障措施，通过规划引领，推动绿色低碳产业、绿色技术、绿色金融等领域的快速发展。二要完善和建立绿色低碳标准体系。通过出台一系列支持绿色低碳发展的政策措施，如税收优惠、财政补贴、绿色金融等，加强政策之间的协同配合，形成政策合力。三要制定和完善绿色低碳产品、绿色低碳技术、绿色低碳服务等领域的标准体系，通过标准引领，推动绿色低碳技术的研发与应用，提升绿色低碳产品的市场竞争力。并加强标准的实施与监督，确保企业按照标准进行生产经营，推动绿色产品市场的健康发展。

2. 推动生产生活方式绿色革命

推动形成绿色发展方式和生活方式，是一场深刻变革。在生产领域，要加快传统产业的绿色化改造，推动技术改造和升级换代，加大对绿色技术研发的投入力度，鼓励企业、高校和科研机构开展绿色技术创新。推广应用节能环保技术和工艺，提高资源利用效率，降低能源消耗和污染物排放。同时，大力发展绿色低碳产业，如新能源、新材料、节能环保等，培育新的经济增长点。在生活领域，要加强绿色生活理念的宣传和教育，引导人们树立节约资源、保护环境的意识，通过推广绿色消费、绿色出行、绿色建筑等方式，降低生活对环境的负面影响。

（三）积极稳妥推进碳达峰碳中和：构建多层次实施路径

"双碳"目标的提出，为我国经济社会发展全面绿色转型指明了方向。这一目标的实现是一场广泛而深刻的经济社会的系统性变革，需要构建起多层次的实施路径，积极稳妥地加以推进。

1. 深化碳市场与技术创新

碳市场作为利用市场机制控制和减少温室气体排放、推动绿色低碳发展的重要工具，在我国碳减排工作中发挥着越来越重要的作用。要进一步深化碳市场建设，扩大市场覆盖范围，完善市场交易机制、监管机制和风险防范体系，提高市场的有效性和活跃度。通过市场机制引导企业减少碳排放，降低减排成本。要加大对碳交易市场的监管力度，打击市场操纵、虚假交易等违法行为，建立健全碳排放监测、报告、核查制度，确保市场交易的公平、公正、公开。技术创新是实现碳达峰碳中和的关键支撑，需加大对低碳技术研发的投入，集中力量攻克一批关键核心技术，如新能源技术、节能技术、碳捕集利用与封存技术等，鼓励企业、高校和科研机构开展产学研合作，建立创新联盟，加速科技成果转化与应用。

2.统筹国内行动与国际合作

习近平总书记多次强调，"地球是人类赖以生存的唯一家园"，"人类只有一个地球，保护生态环境、推动可持续发展是各国的共同责任"。实现碳达峰碳中和不仅是我国自身发展的需要，也是履行国际责任、应对全球气候变化的重要举措。

加强国内行动，需按照"双碳"目标要求，制定详细的国家行动方案和地方实施方案，明确各地区、各行业的碳减排目标和任务。加强对重点领域和重点企业的碳排放管理，建立碳排放监测、评估和考核机制，确保碳减排工作落到实处。同时，加强应对气候变化的能力建设，提高适应气候变化的水平，降低气候变化对我国经济社会发展和生态系统的不利影响。

深化国际合作，要积极参与联合国气候变化框架下的国际谈判和合作，秉持"共同但有区别的责任"原则，与世界各国共同推动全球气候治理体系的完善。加强与其他国家在低碳技术研发、碳市场建设、应对气候变化政策等方面的交流与合作，分享我国的成功经验和实践案例，引进国外先进技术和管理经验。积极履行国际义务和承诺，为全球气候治理贡献中国智慧和中国力量。

（四）协同推进机制：强化系统集成与多元共治

实现污染防治、生态修复、绿色经济与碳达峰碳中和的协同推进，需要建立健全协同推进机制，强化系统集成与多元共治，形成全社会共同参与、共同推进的良好局面。

1.体制机制创新突破

体制机制创新是协同推进的关键动力。要打破部门之间、地区之间的条块分割，建立统一协调的管理体制。成立专门的生态文明建设领导小组或协调机构，负责统筹协调各部门、各地区的工作，制定统一的发展战略和政策措施，解决协同推进过程中的重大问题。完善生态环境管理制度，建立健全生态环境损害赔偿制度、生态补偿制度等。生态环境损害赔偿制度明确了造成生态环境损害的责任者应承担的赔偿责任，通过法律手段督促企业履行环保义务，修复受损生态环境；生态补偿制度则通过对生态保护地区给予经济补偿，激励地方政府和社会力量积极参与生态保护，实现生态保护与经济发展的良性互动。

同时，加强科技创新体制机制建设，建立以企业为主体、市场为导向、产学研深度融合的技术创新体系。加大对绿色低碳技术研发的投入，完善科技成果转化机制，提高科技成果的转化率和产业化水平。

2.社会主体协同发力

绿色发展是全社会共同的事业，需要政府、企业、公众等社会主体协同发力。政府要发挥主导作用，加强政策引导和监管执法，为绿色发展创造良好的政策环境和市场秩序。制定科学合理的发展规划和政策措施，引导社会资源向绿色领域配置；加强对企业和社会行为的监管，确保各项环保政策和标准得到有效执行。

企业作为市场经济的主体，要积极履行社会责任，主动参与绿色发展。加大环保投入，采用先进的节能减排技术和设备，推动生产过程的绿色化；加强企业内部环境管理，建立健全环境管理制度和风险防范机制；积极参与绿色供应链建设，带动上下游企业共同实现绿色发展。

公众是绿色发展的重要参与者和监督者。要加强环保宣传教育，提高公众的环保意识和绿色发展理念，引导公众积极参与绿色行动。鼓励公众参与环保志愿活动；建立健全公众监督机制，畅通公众举报渠道，对环境违法行为进行监督和举报。同时，通过开展绿色社区、绿色学校、绿色家庭等创建活动，营造全社会共同参与绿色发展的良好氛围。

第十五章
加大保障和改善民生力度

中国式现代化，民生为大。习近平总书记指出："抓改革、促发展，归根到底就是为了让人民过上更好的日子。"在发展中保障和改善民生，是中国式现代化的重大任务，是开展经济建设的重要立场，也是开展社会建设的重要原则。要统筹推进经济发展和民生保障，围绕人民群众最关心最直接的现实问题出台能够切实增进民生福祉的改革举措，将政策力度转化为民生温度，稳步提高公共服务和社会保障水平。

民生系着民心，是党执政之本、人民幸福之基、社会和谐之源，是最大的政治。宏观经济政策要始终坚持民生导向，以惠民生为重要着力点。2024年12月召开的中央经济工作会议将"加大保障和改善民生力度，增强人民群众获得感幸福感安全感"作为2025年要抓好的重点任务之一。2025年的《政府工作报告》再次强调要"强化宏观政策民生导向"，"加大保障和改善民生力度，提升社会治理效能"。加大保障力度，切实改善民生。实施就业优先战略，促进重点群体就业，提升高质量充分就业水平。推动义务教育优质均衡发展，扎实推进优质本科扩容。实施医疗卫生强基工程，制定促进生育政策。发展社区支持的居家养老，扩大普惠养老服务。坚持和发展新时代"枫桥经验"，加强公共安全系统施治，提升基层社会治理效能。推动形成民生政策与经济高质量发展、人民高品质生活相得益彰的局面。

一、以更大力度稳定和扩大就业

就业是最基本的民生，是经济发展的重要支撑，不仅与千家万户的生活息息相关，更事关社会稳定大局。没有充分稳定的就业就无法形成经济社会健康发展的良好局面。党和国家历来把促进高质量充分就业摆在突出位置，推动经济社会发展与就业促进协调联动。党的二十届三中全会提出"完善就业优先政策"。2024年我国国民经济运行总体平稳、稳中有进，就业形势保持基本稳定。国家统计局数据显示，2024年全国城镇调查失业率稳中有降，为5.1%，同比下降0.1个百分点。但也要看到我国当前仍然面临经济下行压力，国内有效需求不足、部分企业生产经营困难、群众就业增收面临压力、风险隐患仍然较多等现实问题不容忽视。在此影响下，我国就业总量和结构性矛盾均比较突出，高校毕业生等部分重点群体就业支持体系仍需完善，劳动者权益保障仍需加强。要完善就业优先政策，加大各类资金资源统筹支持力度，促进高质量充分就业，提高就业质量。

促进重点群体就业。受传统就业岗位增速放缓、部分行业吸纳能力下降、新兴产业和数字化领域人才缺口扩大影响，就业人员技能与市场需求错位问题凸显。要加力就业岗位挖潜扩容，聚焦先进制造、服务消费、民生保障等重点领域，推进实施岗位开发计划，提升经济发展的就业带动力，创造更多就业机会和就业岗位，完善高校毕业生、农民工、退役军人三类重点群体就业支持体系，促进重点群体就业状况向提质扩量结构优化转变。一是拓展高校毕业生等青年就业成才渠道。2025届全国普通高校毕业生规模预计达1222万人，同比增加43万人，总量压力较大。促进市场化就业，完善工资待遇、职称评聘、培训升学等政策，开发更多有利于发挥所学所长的就业岗位，鼓励青年投身重点领域、重点行业、城乡基层和中小微企业就业创业，对到位于县乡中小微企业就业的高校毕业生加大政策支持力度。实施青年就业启航、"宏志助航"等专项计划，强化对困难家庭毕业生、长期失业青年的就业帮扶，促进其尽早就业、融入社会。二是多措并举拓展农村劳动力就业增收空间。农村劳动力转移是现代化进程的必然要求，当前我国农村仍存在大量剩余劳动力，其就业质量直接影响共同富裕目标的实现。要壮大县域富民产业，推出一批适应乡村全面振兴需要的新职业，注重引导外出人才返乡、城市人才下乡创业，实施以工代赈，加快形成双向流动、互融互通的统筹城乡就业格局。支持劳动密集型产业吸纳和稳定就业，统筹好新技术应用和岗位转换，创造新的就业机会。推动农村低收入人口就业帮扶常态化，防止因失业导致规模性返贫。三是做好退役军人安置和就业服务保障。要健全学历教育与职业技能培训、创业培训、个性化培训并行的退役军人教育培训体系，引导退役军人围绕国家重点扶持领域创业。挖掘岗位资源，探索"教培先行、岗位跟进"就业模式，鼓励优秀退役军人按有关规定到党的基层组织、城乡社区和退役军人服务机构工作，解决好退役军人的"急难愁盼"问题，持续提高退役军人的获得感、幸福感、荣誉感。

加强灵活就业和新就业形态劳动者权益保障。随着数字时代的到来，由网络技术、数字技术、智能技术等新一代信息技术集成应用和协同迭代所衍生形成的"三新"经济成为各国抢占未来发展主动权的主阵地。"三新"经济是新产业、新业态、新商业模式的统称，其发展壮大能够培育生成社交电商、零工经济、平台经济等领域更多的灵活就业机会和新就业形态，在经济社会发展中的就业带动力将不断增强。一方面拓展了农村重点人群就业渠道，有助于推动中低收入群体增收减负；另一方面优化了城镇就业供需结构，有助于促进高质量充分就业。加强灵活就业和新就业形态劳动者权益保障，要充分把握劳动力资源配置更高效、组织方式更多元、工作模式更灵活、用工关系更平等的突出特点，在保障平等就业权利、促进劳动报酬合理增长、构建和谐劳动关系、扩大社会保障覆盖面上下功夫。落实规范新就业形态从业人员与用工者权利义务、保障劳动者合法权益、加强岗前职业技能培训等政策举措，在《关于维护新就业形态劳动者劳动保障权益的指导意见》《新就业形态劳动者休息和劳动报酬权益保障指引》等支持新就业形态文件基础上进一步细化，出台相关规范或行业标准，分类明确不同就业形态劳动者就业方式和企业用工形式，有力保障双方权责分明、有理可依。完善就业公共服务体系，加快建立适合新就业形态劳动者的职业技能培训模式，坚持自主选择和兜底保障培训相结合，设置劳动维权和管理服务专项窗口，通过工会把各类平台就业群体吸引过来、组织起来、稳固下来。

完善困难人员就业帮扶体系。在逐步扩大民生保障政策覆盖面，有序推进民政民生保障由兜底性、基础性向普惠性发展的进程中，困难人员仍然是重点对象，困难人员就业帮扶仍然是重点工作，要落实好产业、就业等帮扶政策，完善困难人员就业帮扶体系，确保不发生规模性返贫致贫，保障困难群众基本生活。一是加强对大龄、残疾、较长时间失业等就业困难群体的帮扶，合理确定、动态调整就业困难人员认定标准，完善及时发现、优先服务、精准帮扶、动态管理的就业援助制度。二是鼓励支持企业吸纳就业、自主创业，统筹用好公益性岗位，确保零就业家庭动态清零。随着人口老龄化程度加深，我国超过法定退休年龄仍然在正常工作的超龄劳动者群体越来越庞大。根据国家统计局的数据，2024年全国农民工中50岁以上的占比31.6%，农民工老龄化趋势显著；部分困难家庭城镇退休职工再就业意愿日趋强烈。针对超过法定退休年龄劳动者合法权益的保障，自2025年1月1日起施行的《全国人民代表大会常务委员会关于实施渐进式延迟法定退休年龄的决定》弥补了相关法律空白。对于招用超过法定退休年龄劳动者的用人单位，要依法保障劳动者获得劳动报酬、劳动安全卫生保护、工伤保障等基本权益，支持用人单位按规定参加社会保险。三是协同推进困难人员就业援助服务内容、要素保障、手段方式变革，向物质救助、社会服务和精神关爱兼顾转变，切实解决困难人员就业的现实问题，把短期纾困帮扶和长期引导支持结合起来，为困难人员提供更加灵活、高效、可持续的帮扶。

二、推动义务教育和高等教育高质量发展

教育是重点民生领域之一。教育作为人类社会发展的基石，既是民生之本，关乎每个人的全面发展与幸福生活，又是国计之要，对国家的强盛与进步起着至关重要的作用。习近平总书记在参加 2025 年全国政协联组会上强调，"教育问题既是惟此为大的事情，也是非常复杂的事情。既要久久为功，又是当务之急"，同时提出"要着眼现代化需求，适应人口结构变化，统筹基础教育、高等教育、职业教育，统筹政府投入和社会投入，建立健全更加合理高效的教育资源配置机制"。这一重要论述，深刻阐明了教育在国家发展中的重要地位与现实挑战，为新征程推进教育改革发展更好适应现代化需求指明了方向。

推动义务教育和高等教育高质量发展既要解决好"当务之急"，又要久久为功。办好人民满意的教育，既是增进民生福祉的基础性工程，又是一项面向未来的事业，其质量的好坏，直接关系到国家的未来发展、民族的兴盛衰落，也承载着无数家庭对美好生活的期待。因此，党和国家着眼于解决教育发展中的不平衡和不充分问题，出台重点改革举措、投入更多财政资金，持续推动教育均衡发展。2021 年底，全国所有县区均通过国家义务教育基本均衡发展督导评估认定，我国义务教育实现了基本均衡。2023 年，《关于构建优质均衡的基本公共教育服务体系的意见》出台，旨在推进教育向优质均衡迈进。财

政部公布的 2024 年财政收支情况显示，2024 年全国一般公共预算支出中的教育支出为 42076 亿元，义务教育阶段家庭经济困难学生生活补助国家基础标准有所提高，惠及学生约 1900 万人。加快实现教育现代化、建设教育强国，根本在于深化教育综合改革，以高度的历史耐心和战略定力解决好教育公平问题，久久为功。党的二十届三中全会通过的《中共中央关于进一步全面深化改革、推进中国式现代化的决定》提出深化教育综合改革的多项战略举措，涉及义务教育、高等教育、职业教育、民办教育、教育开放和高质量教育体系建设的各环节，这是对教育这个长期系统工程作出的战略部署。2024 年中央经济工作会议进一步聚焦解决好"当务之急"，即解决人民群众在教育中遇到的"身边事""关切题"，要推动义务教育和高等教育高质量发展，推动义务教育优质均衡发展，扎实推进优质本科扩容。

推动义务教育优质均衡发展。教育投资具有显著的正外部性，义务教育作为基础教育重要阶段，其质量均衡性直接影响国民教育体系和建设教育强国的基础。当前，我国教育公共品供给仍存在一定的区域分化和空间错配。要落实好《关于构建优质均衡的基本公共教育服务体系的意见》的政策要求，深入实施基础教育扩优提质工程，优化区域教育资源配置，健全与人口变化相适应的资源统筹调配机制。一是解决义务教育资源错配问题。向薄弱环节和地区倾斜教育资源和经费投入是构建优质均衡义务教育体系的重要举措。《关于构建优质均衡的基本公共教育服务体系的意见》提出，到 2035 年，义务教育学校办学条件、师资队伍、经费投入、治理体系适应教育强国需要，市（地、州、盟）域义务教育均衡发展水平显著提升，绝大多数县（市、区、旗）域义务教育实现优质均衡，适龄学生享有公平优质的基本公共教育服务，总体水平进入世界前列。要综合教育服务半径、服务人口、资源承载能力以及人民群众实际需求，科学配置优质教育资源，促进优质教育资源向乡村延伸、向边远地区延伸，向经济困难群众的子女倾斜，加大对农村地区、民族地区、贫困地区教育的支持力度，保障特殊群体受教育权利。二是着力促进学生德智体美劳全面发展。习近平总书记指出，教育不能把最基本的丢掉。不能放松对于学生的启智、心灵的培养和基本的认知能力、解决问题能力的培养。要深化课程教学改革，创新人才培养方式，整合利用好校内外科学教育资源，培养学生崇尚科学、热爱科学的精神和探究思考、动手实践的能力，同时持续推动"双减"落实，综合施策减轻义务教育阶段学生升学考试压力。用好人工智能这个关键变量，引导学生运用数智技术进行深度学习，增强学生在数字时代的胜任力。三是补齐学校办学条件短板。要推进现有优质学校挖潜扩容，加快新优质学校成长，利用数字化赋能，推动优质教育资源共享，帮助乡村学校提升办学质量。在教师队伍建设方面，要扩大高水平中小学教师培养规模，提升教师专业能力，督促各地落实义务教育教师待遇保障长效机制和工资收入随当地公务员待遇调整的联动机制，确保教师工资及时足额发放。

扎实推进优质本科扩容。分类推进高校改革，扎实推进优质本科扩容，加快"双一流"建设，完善学科设置调整机制和人才培养模式，是立足推进中国式现代化和服务国家战略发展需要，推动高等教育优化布局的重要改革举措。当前，我国战略性新兴产业人才缺口较大，学生在"三新"经济领域的职业适应性不足，亟须培养更多符合国家发展需求的人才。据2024年10月国务院新闻办公室发布的数据，低空经济的就业人才缺口高达100万人；麦肯锡相关报告称，到 2030 年，中国的 AI 人才缺口将达 400 万人。面对新形势下的人才市场，高校教育要更加紧扣社会需求和产业发展，有效推动分类改革，推动高等教育与产业需求紧密对接、与就业创业有效衔接，为推进强国建设、民族复兴伟业注入源源不断的人才动力。一方面，要优化高等教育布局，加快建设中国特色、世界一流的大学和优势学科。加快推进"双一流"建设，完善科技发展、国家战略需求牵引的学科设置调整机制和人才培养模式，超常布局急需学科专业，加强基础学科、新兴学科、交叉学科建设和拔尖人才培养，着力加强创新能力培养。另一方面，推进高等教育综合评价体系改革，破除"唯就业率论""唯考研率论"。高等学校人才培养是实现教育、科技、人才"三位一体"协同融合发展的关键一环，最终目的是实现人才培养到人尽其才、才尽其用的"惊险跳跃"，要鼓励、支持、引导、培养优秀青年学生投身国家科技战略攻关和现实需求岗位，把各方面优秀人才集聚到党和人民事业中来。

三、实施医疗卫生强基工程

病有良医、医有所保是人民群众朴素的愿望，也是增进民生福祉的重要内容。2024 年 12 月，中央经济工作会议首次提出"实施医疗卫生强基工程"，明确将其作为医疗卫生领域改革的核心任务。2025年《政府工作报告》也提出要"促进优质医疗资源扩容下沉和区域均衡布局，实施医疗卫生强基工程"。从政策雏形到决策部署，再到具体实施路径，无一不彰显着党和国家强化基本医疗卫生服务、全方位守护百姓健康的决心。医疗卫生强基工程主要包括强基层、固基础、保基本三个方面。

强化基层医疗资源配置。基层卫生健康工作直接面向城乡社区居民，是满足人民群众健康需求的第一道防线，也是卫生与健康工作的重点。尽管我国基层医疗卫生整体水平不断提升，医疗卫生体系也相对健全，截至2025年3月，有超过60万所基层医疗卫生机构为老百姓提供日常的预防、保健、康复以及医疗服务，超过500万名基层医务人员工作在基层一线，这使得老百姓能够在家门口解决看病就诊问题。但从需求侧来看，我国城镇化率不断提高，人口加速聚集，部分地区基层医疗卫生资源供需矛盾比较突出；从供给侧来看，我国医疗资源布局问题已经从总量不足转向结构不优，北京、上海、浙江等地区的优质医疗资源仍相对较为集中，全国三级公立医院"跨省异地就医"现象仍然存在。因此，要让群众更方便、安全地在基层看病，必须提高基层的医疗卫生服务技术能力和保障水平，全面推进紧密型县域医共体建设，抓好医疗扩容下沉。为努力实现看大病不出省、日常疾病在基层解决，国家发展改革委联合多部门启动医疗卫生强基工程，2025年统筹88亿元支持县级医院、重点中心乡镇卫生院建设，推进县域医学影像、心电诊断、医学检验、消毒供应、中心药房（共享中药房）等五大资源共享中心提标、扩能，努力让老百姓在家门口更有"医"靠。

巩固提高基础医疗服务能力。医疗服务能力是老百姓看病就医最关切的问题之一，也是保障生命健康的关键，要顺应人民群众需求，提高基础医疗服务能力。一是巩固医院帮扶体系，形成三级医院帮扶二级医院、二级医院带动基层医疗卫生机构的支持系统，同时提升基层医疗卫生机构设备设施水平，优化改善看病就诊的条件。二是加强基层信息化建设，有效应用人工智能辅助技术，落实落细国家卫生健康委、国家中医药管理局、国家疾病预防控制局联合发布的《卫生健康行业人工智能应用场景参考指引》，普及医学影像智能辅助诊断等 84 个细分领域的应用场景。三是建设高水平医务人员队伍，由上级医院在乡镇一级培养或派驻中级以上职称的专业人员，带动青年医务人员成长，为居民提供长期、有质量保障的医疗服务。

保障基本医疗卫生服务效果。基本医疗卫生服务的公平性、可及性和优质服务供给能力能否得到保证是促进人民群众健康水平提升、建立中国特色优质高效的医疗卫生服务体系的关键，要让医疗卫生改革成果惠及全体人民，让基本医疗卫生服务的便利性、优越性、公平性更加可感可及。要进一步提高医疗保障体系协调运作效率，促进医疗费用筹措系统（解决有钱看病的问题）、医疗服务提供系统（解决能看好病的问题）、药品供应系统（解决能治好病的问题）"三医联动"，破除看病难、看病贵、看不好病的难题。近年来，基本公共卫生服务经费的人均财政补助标准不断提高，2025 年提高至 99 元，城乡居民医保人均财政补助标准从 670 元提高到 700 元。人均基本公共卫生服务经费提升后，还要在优化服务内容、提升服务频次、保障服务质量方面进一步改善。

同步制定促进生育政策。我国居民的预期寿命提高，生育率降低，这是谋划医疗卫生领域改革的现实考虑，根据最新统计快报结果，2024 年中国居民的预期寿命已达 79 岁，比 2023 年提高了 0.4 岁，2024 年的人均预期寿命与 2019 年相比提高了 1.7 岁，人民群众的健康改善需求随之增多。在生育率方面，尽管 2024 年全国人口总量降幅有所收窄，出生人口为 954 万人，有所回升，但这也是近 8 年来（2017 年以来）首次回升，我国下阶段出生人口不确定性仍然存在。

因此，在生育政策导向上要和医疗卫生领域改革目标取向一致，制定促进生育政策，落实落细《关于加快完善生育支持政策体系推动建设生育友好型社会的若干措施》，在强化生育服务支持、加强育幼服务体系建设、优化教育住房就业等配套支持措施上下功夫，推动实现适度生育水平，促进人口高质量发展。2025 年 7 月 28 日，中共中央办公厅、国务院办公厅印发了《育儿补贴制度实施方案》，明确从 2025 年 1 月 1 日起，对符合法律法规规定生育的 3 周岁以下婴幼儿每孩每年发放补贴 3600 元，至其年满 3 周岁。在发展中保障和改善民生，建立实施育儿补贴制度，营造生育友好社会氛围。

四、扩大普惠养老服务

深化养老服务改革发展是实施积极应对人口老龄化国家战略的迫切要求，是保障和改善民生的重要任务，事关亿万百姓福祉，事关社会和谐稳定。根据国家统计局的数据，截至 2024 年末，我国 60 岁及以上老年人口为 31031 万人，占全国总人口的 22.0%，其中 65 岁及以上老年人口为 22023 万人，占 15.6%，与第七次全国人口普查数据相比分别增长了 3.3%、2.1%。按照国际通行的人口老龄化划分标准，当一个国家或地区 65 岁及以上人口占比超过 7% 时，意味着进入老龄化社会；达到 14%，为深度老龄化。我国从 2000 年进入老龄化社会，当前已进入深度老龄化社会。从国际比较来看，中国老龄化明显快于其他发达经济体以及世界平均水平。老有所养，成为重要的民生底线目标。但是也要看到，老年人口中 60—64 岁老年人比重较高，年龄结构相对年轻，为深化养老服务改革发展，回应当前养老服务存在的供需匹配度不高、机构运营机制不畅等问题，建立更加公平更可持续的养老保障体系，实施积极应对人口老龄化国家战略提供了有利时机。

推动养老服务供给提质扩面。拓展养老服务内容、质量、供给的范围关键在于通过政府支持、企业让利、家庭付费、社会参与等方式，实现连续性更强、惠及范围更广的服务供给。一是巩固发展养老保险体系。我国目前的养老保险体系主要包括基本养老保险、企业年金（职业年金）、个人养老金这三大支柱，要稳步提高养老保险待遇水平，进一步发挥养老保险体系对养老保障的支撑作用。2025年，城乡居民基础养老金最低标准每月再提高20元，同时适当提高退休人员基本养老金，重点向中低收入群体倾斜，提高这两项标准将惠及3.2亿人。二是强化养老服务要素保障和能力提升。统筹养老服务设施布局、财政支持、人才队伍建设、科技和信息化发展应用，支持地方开展居家养老照护能力培训，推动居家养老服务不断丰富内容、提升质量。积极推动人工智能辅助诊疗、康复训练、健康监护等设备在普惠支持型养老机构的应用。三是完善发展养老事业和养老产业政策机制，大力发展银发经济。据赛迪顾问发布的研究报告，预计到2030年，中国银发经济市场规模将达到25万亿元。要加快银发经济规模化、标准化、集群化、品牌化发展，促进智慧健康养老产业发展，推进公共空间、消费场所等的无障碍建设，提高家居适老化水平。

大力发展社区支持的居家养老。针对老年人的多样化多层次养老需求，要走中国特色的养老服务之路，优先发展社区支持的居家养老服务，实现"老有所养"。我国老年人的养老需求更倾向于选择居家养老，社区又具有充足的养老服务有效供给，发展这种养老模式，既发挥了居家养老的基础性作用，又结合了社区养老的依托优势，对于强化失能老年人照护、加大老年助餐服务支持、加强老年医学建设、完善无障碍适老化设施等现实问题的解决提供可行方案。同时，可以推行"家庭＋社区＋物业＋养老服务"模式，增强专业照护、日间照料、康复护理、上门服务等能力；探索开展"养老顾问"服务，提供专业咨询、委托代办等助老项目；补齐社区老年人活动场所短板，开展文体娱乐、社会交往等活动，尽可能全面回应社会对于"一老一小"问题的普遍关切和争论。除此之外，还要贯通协调社区支持的居家养老服务形态和专业化养老机构的服务，发挥养老服务产业发展市场配置资源作用，充分激发市场活力，提高养老服务效率，努力让更多老年人安享幸福晚年。

五、加强公共安全系统施治

基层是构建和谐社会的基础。随着改革开放和经济社会快速发展，我国社会结构日趋多样，价值取向日趋多元，利益诉求日趋多变，社会矛盾风险累积叠加。我国社会主要矛盾转化，人民美好生活需要日益广泛，不仅对物质文化生活提出了更高要求，而且在民主、法治、公平、正义、安全、环境等方面要求日益增长，更加重视知情权、参与权、表达权、监督权，参与社会治理意愿强烈。特别是可能影响经济社会发展的不确定性、不稳定性因素的增加，基层治理中恶性事件不断出现，直接影响居民的生命财产安全和生产生活安定。基层既是产生利益分歧和矛盾冲突的"源头"，也是解决矛盾分歧的"平台"，要加强公共安全系统施治，把矛盾化解在基层、消灭在萌芽状态。坚持和发展新时代"枫桥经验"，为解决基层社会治理难题提供新路径。"枫桥经验"的核心是"小事不出村、大事不出镇、矛盾不上交，就地解决"，对于维护社会安定和人民安宁，提高人民群众幸福指数意义重大。

以党建带"群建"，构建系统性、协同性治理体系。数字时代，基层公共治理模式正从单向管理向多向互动，从线下转向线下线上融合发展，从单纯的政府监管向更加注重社会协同治理转变。要充分发挥基层群众的力量，健全党组织领导的自治、法治、德治相结合的城乡基层治理体系，完善共建共治共享的社会治理制度。积极发动驻地企业、返乡创业杰出代表、离退休干部、行业协会、社团组织等社会力量的作用，形成多样化、多层次的基层治理方式体系，加强对各类基层矛盾纠纷的源头预防和前期疏导。

推动信访工作法治化，完善城乡基层治理体系。习近平总书记指出，"党的工作最坚实的力量支撑在基层，经济社会发展和民生最突出的矛盾和问题也在基层，必须把抓基层打基础作为长远之计和固本之策"。要运用法治思维和法治方式，推进社会矛盾纠纷的实质化解，避免小矛盾升级成大冲突、小纠纷酿成大风险，帮助人民群众化干戈为玉帛，实现社会安全风险源头治理、依法治理，持续推进更高水平的平安建设。落实到信访工作实践中，就是要以法治精神作为实践指南，引导基层群众摒弃"信访不信法"的错误思想，提供高效、有效的惠民服务。

打造"智治大脑"，利用数字技术提高治理能力。党的二十届三中全会通过的《中共中央关于进一步全面深化改革、推进中国式现代化的决定》中提出要强化市民热线等公共服务平台功能，健全"高效办成一件事"重点事项清单管理机制和常态化推进机制。提高基层办成事、办好事的能力关系到能否减少基层矛盾纠纷和防范公共安全事件发生。要进一步推进社会治理数字化改革，打通各大民生服务板块，让"数据多跑路、群众少跑腿"，打造"小屏幕"惠及"大民生"，切实扩大"高效办成一件事"覆盖业务面，提高"一网通办、一证通办、一窗通办、跨省通办"效率，以数字化治理不断提升人民群众在社会治理活动中的良好体验感和满意度。

参考文献

一、经典文献和专著

1.《马克思恩格斯全集》第 31 卷，人民出版社 1998 年版。

2.《习近平著作选读》第二卷，人民出版社 2023 年版。

3.《习近平谈治国理政》，外文出版社 2014 年版。

4. 习近平：《开放共创繁荣　创新引领未来：在博鳌亚洲论坛 2018 年年会开幕式上的主旨演讲》，人民出版社 2018 年版。

5. 习近平：《论坚持全面深化改革》，中央文献出版社 2018 年版。

6. 本书编写组：《〈中共中央关于制定国民经济和社会发展第十四个五年规划和二〇三五年远景目标的建议〉辅导读本》，人民出版社 2020 年版。

7. 中共中央党史和文献研究院编：《十九大以来重要文献选编》（中），中央文献出版社 2021 年版。

8. 中共中央党史和文献研究院编：《习近平关于防范风险挑战、应对突发事件论述摘编》，中央文献出版社 2020 年版。

9. 中共中央文献研究室编：《习近平关于社会主义经济建设论述摘编》，中央文献出版社 2017 年版。

二、报刊

1. 习近平：《发展新质生产力是推动高质量发展的内在要求和重要着力点》，

《求是》2024 年第 11 期。

  2. 习近平：《新发展阶段贯彻新发展理念必然要求构建新发展格局》，《求是》2022 年第 17 期。

  3. 习近平：《国家中长期经济社会发展战略若干重大问题》，《求是》2020 年第 21 期。

  4. 习近平：《进一步全面深化改革中的几个重大理论和实践问题》，《求是》2025 年第 2 期。

  5.《习近平在参加江苏代表团审议时强调　因地制宜发展新质生产力》，《人民日报》2024 年 3 月 6 日。

  6.《从"独角兽之问"看创投市场资本"耐心"不足难题》，国家高端智库综合开发研究院 2024 年 6 月 15 日。

  7.《促进平台经济持续健康发展》，《经济日报》2025 年 1 月 26 日。

  8.《冬奥会带动冰雪产业链发展》，《中国体育报》2022 年 2 月 8 日。

  9. 国家统计局、科学技术部、财政部：《2023 年全国科技经费投入统计公报》，2024 年 10 月 2 日。

  10. 国家统计局：《2024 年 12 月份居民消费价格同比上涨 0.1%》，2025 年 1 月 9 日。

  11. 国家统计局：《2024 年全国固定资产投资增长 3.2%》，2025 年 1 月 17 日。

  12. 国家统计局：《2024 年经济运行稳中有进　主要发展目标顺利实现》，2025 年 1 月 17 日。

  13. 国家统计局：《中华人民共和国 2024 年国民经济和社会发展统计公报》，2025 年 2 月 28 日。

  14. 国家体育总局：《冰雪运动发展规划(2016—2025 年)》，2016 年 11 月 2 日。

  15. 国家体育总局：《"十四五"体育发展规划》，2021 年 10 月 25 日。

  16. 国家体育总局冬季运动管理中心：《大众冰雪消费市场研究报告（2023—2024 冰雪季)》，2024 年 6 月。

  17. 国家知识产权局：《2024 年中国专利调查报告》，2025 年 1 月 22 日。

  18. 国家发展改革委：《平台企业在支持科技创新、传统产业转型方面形成了一批典型案例》，2023 年 7 月 12 日。

  19. 国家能源局：《2024 年可再生能源并网运行情况》，2025 年 1 月 27 日。

20.《"海洋经济"基本概念解析》,《太平洋学报》2007 年第 11 期。

21.《海洋经济学基本理论问题研究回顾与讨论》,《中国海洋大学学报（社会科学版）》2016 年第 5 期。

22.《后发地区县域经济跨越式发展的障碍与突破》,《区域经济评论》2022 年第 2 期。

23.《何为"湾区经济"》,《学习时报》2025 年 2 月 5 日。

24.《经济大省要挑大梁为全国发展大局作贡献》,《人民日报》2025 年 3 月 6 日。

25.《平台经济创造更多就业新机会》,《经济参考报》2022 年 9 月 1 日。

26.《全国耕地总量连续两年净增加》,《人民日报》2023 年 7 月 12 日。

27.《去年研发经费投入超 3.6 万亿元》,《人民日报》2025 年 1 月 24 日。

28.《首发经济：上海首店的升级消费新名片》,《上海工运》2025 年 2 月 25 日。

29.《生态环境部部长黄润秋中宣部"中国这十年"新闻发布会答记者问》, 2022 年 9 月 15 日。

30.《推动企业成为基础研究重要主体》,《经济日报》2023 年 4 月 11 日。

31.《我国有效发明专利产业化率为 36.7%》,《人民日报》2023 年 1 月 27 日。

32.《我国七大流域全部建立省级河湖长联席会议机制》,《光明日报》2025 年 3 月 4 日。

33.《县域经济发展：问题透视与对策》,《国家治理》2024 年第 5 期。

34.《县域经济发展中的问题及其解决措施》,《中国管理信息化》2024 年第 24 期。

35. 中国社会科学院大学互联网法治研究中心：《电商生态高质量发展与就业促进研究报告》, 2025 年 1 月 13 日。

36. 中华人民共和国商务部：《中国数字贸易发展报告 2024》, 2024 年 10 月 17 日。

37. 中华人民共和国商务部：《2024 年全国吸收外资 8262.5 亿元人民币》, 2025 年 1 月 17 日。

38. 中央财经大学绿色金融国际研究院：《中国绿色金融研究报告（2024）》,

以进促稳：推动中国经济行稳致远

2024 年 11 月 8 日。

39.《中国海洋经济高质量发展的时空演进与驱动因素》,《地理学报》2024 年第 12 期。

后 记

如何不断激发经济"进"的动能？如何推动中国经济在稳定中高质量发展？为了帮助读者准确把握当前经济发展形势和未来经济发展新动向，主要由中共中央党校（国家行政学院）经济学教研部的专业学者撰写此书。本书紧扣 2024 年中央经济工作会议精神，详细解读中央经济工作会议强调的 2025 年中国经济的重点工作，深刻分析中国经济当前形势、增长态势和长远大势。本书被纳入中共中央党校（国家行政学院）国家高端智库系列丛书，是深入学习贯彻党的二十届三中全会精神与最新中央经济工作会议精神的经济类书籍。本书作者团队权威，由中共中央党校（国家行政学院）经济学教研部曹立教授主编，教研部集体论著，对我国经济政策理解深刻，阐释准确，帮助读者正确理解和认识中国未来经济的重点热点问题。

按照本书内容的先后顺序，撰写分工具体如下：

导　论　曹立，中共中央党校（国家行政学院）经济学教研部教授。

第一章　郭威，中共中央党校（国家行政学院）经济学教研部教授。

第二章　杨振，中共中央党校（国家行政学院）经济学教研部教授。

第三章　阎荣舟，中共中央党校（国家行政学院）经济学教研部教授。

第四章　解晋，中共中央党校（国家行政学院）经济学教研部讲师。

第五章　王声啸，中共中央党校（国家行政学院）经济学教研部讲师。

第六章　高惺惟，中共中央党校（国家行政学院）经济学教研部教授。

第七章　李蕾，中共中央党校（国家行政学院）经济学教研部教授。

第八章　崔琳，中共中央党校（国家行政学院）经济学教研部讲师。

第九章　孙生阳，中共中央党校（国家行政学院）经济学教研部副教授。

第十章　陈宇学，中共中央党校（国家行政学院）经济学教研部教授。

第十一章　王钺，中共中央党校（国家行政学院）经济学教研部讲师。

第十二章　邹一南，中共中央党校（国家行政学院）经济学教研部教授。

第十三章　李晨，中共中央党校（国家行政学院）经济学教研部讲师。

第十四章　郭兆晖，中共中央党校（国家行政学院）社会与生态文明教研部教授。

第十五章　汪彬，中共中央党校（国家行政学院）经济学教研部副教授。

限于水平和学识，书中难免有不足之处，恳请读者朋友批评指正。

编　者

2025 年 6 月

责任编辑：贾　珍
封面设计：汪　莹

图书在版编目（CIP）数据

以进促稳 ：推动中国经济行稳致远 / 中共中央党校（国家行政学院）
经济学教研部编著；曹立主编 . -- 北京 ：人民出版社，2025. 9.
ISBN 978 - 7 - 01 - 027515 - 4

Ⅰ . F124

中国国家版本馆 CIP 数据核字第 20254LF021 号

以进促稳：推动中国经济行稳致远
YIJIN CUWEN TUIDONG ZHONGGUO JINGJI XINGWEN ZHIYUAN

中共中央党校（国家行政学院）经济学教研部　编著
曹 立　主编

人民出版社 出版发行
（100706　北京市东城区隆福寺街 99 号）

中煤（北京）印务有限公司印刷　新华书店经销

2025 年 9 月第 1 版　2025 年 9 月北京第 1 次印刷
开本：710 毫米 ×1000 毫米 1/16　印张：16.75
字数：200 千字

ISBN 978 - 7 - 01 - 027515 - 4　定价：59.00 元

邮购地址 100706　北京市东城区隆福寺街 99 号
人民东方图书销售中心　电话（010）65250042　65289539